「通古察今」系列丛书

古代社会、思潮与史学

汪高鑫 著

河南人民出版社

图书在版编目(CIP)数据

古代社会、思潮与史学 / 汪高鑫著. —郑州：河南人民出版社，2019.12(2025.3重印)
("通古察今"系列丛书)
ISBN 978-7-215-12007-5

Ⅰ.①古… Ⅱ.①汪… Ⅲ.①古代社会-研究-中国②史学-研究-中国-古代 Ⅳ.①K220.7②K092.2

中国版本图书馆CIP数据核字(2019)第271354号

河南人民出版社 出版发行
(地址：郑州市郑东新区祥盛街27号 邮政编码：450016 电话：0371-65788075)
新华书店经销　　　环球东方(北京)印务有限公司印刷
开本　787mm×1092mm　　1/32　　印张　4.75
字数　64千
2019年12月第1版　　　　　　2025年3月第2次印刷

定价：48.00元

"通古察今"系列丛书编辑委员会

顾　问　刘家和　瞿林东　郑师渠　晁福林
主　任　杨共乐
副主任　李　帆
委　员（按姓氏拼音排序）

　　　　安　然　陈　涛　董立河　杜水生　郭家宏
　　　　侯树栋　黄国辉　姜海军　李　渊　刘林海
　　　　罗新慧　毛瑞方　宁　欣　庞冠群　吴　琼
　　　　张　皓　张建华　张　升　张　越　赵　贞
　　　　郑　林　周文玖

序　言

在北京师范大学的百余年发展历程中,历史学科始终占有重要地位。经过几代人的不懈努力,今天的北京师范大学历史学院业已成为史学研究的重要基地,是国家首批博士学位一级学科授予权单位,拥有国家重点学科、博士后流动站、教育部人文社会科学重点研究基地等一系列学术平台,综合实力居全国高校历史学科前列。目前被列入国家一流大学一流学科建设行列,正在向世界一流学科迈进。在教学方面,历史学院的课程改革、教材编纂、教书育人,都取得了显著的成绩,曾荣获国家教学改革成果一等奖。在科学研究方面,同样取得了令人瞩目的成就,在出版了由白寿彝教授任总主编、被学术界誉为"20世纪中国史学的压轴之作"的多卷本《中国通史》后,一批底蕴深厚、质量高超的学术论著相继问世,如八卷本《中国文化发展史》、二十卷本"中国古代社会和政治研究丛书"、三卷本《清代理学史》、五卷本《历史文化认同与中国统一多民族国家》、二十三卷本《陈垣全集》,

以及《历史视野下的中华民族精神》《中西古代历史、史学与理论比较研究》《上博简〈诗论〉研究》等,这些著作皆声誉卓著,在学界产生较大影响,得到同行普遍好评。

除上述著作外,历史学院的教师们潜心学术,以探索精神攻关,又陆续取得了众多具有原创性的成果,在历史学各分支学科的研究上连创佳绩,始终处在学科前沿。为了集中展示历史学院的这些探索性成果,我们组织编写了这套"通古察今"系列丛书。丛书所收著作多以问题为导向,集中解决古今中外历史上值得关注的重要学术问题,篇幅虽小,然问题意识明显,学术视野尤为开阔。希冀它的出版,在促进北京师范大学历史学科更好发展的同时,为学术界乃至全社会贡献一批真正立得住的学术佳作。

当然,作为探索性的系列丛书,不成熟乃至疏漏之处在所难免,还望学界同人不吝赐教。

北京师范大学历史学院
北京师范大学史学理论与史学史研究中心
北京师范大学"通古察今"系列丛书编辑委员会
2019年1月

目 录

前 言 \ 1

第一章　汉代社会与史学思想 \ 4

一、秦亡汉兴的历史巨变与史学的"过秦"思潮 \ 5

二、皇朝政权的合法性问题与史学的神意史观 \ 12

三、国家大一统格局与史学的大一统观念 \ 19

四、"汉盛于周"的历史定位与史学的"宣汉"意识 \ 29

第二章　宋代社会与史学思想 \ 37

一、国家政权的并立格局与史学正统观念的发展 \ 37

二、社会危机的不断加深与史学资政意识的凸显 \ 42

三、理学思潮的兴起与史学的义理化倾向 \ 47

第三章　玄学与魏晋南北朝史学的玄化倾向 \ 53

一、玄学化史学的人物品评 \ 54
二、玄学化史学的历史评论 \ 68

第四章　唐代的疑古惑经思潮 \ 89

一、疑古惑经思潮的兴起与演变过程 \ 90
二、刘知幾疑古惑经的史学视角 \ 98
三、新《春秋》学派疑古惑经的经学立场 \ 109

第五章　黄宗羲的理学、经学与史学之实学视角考察 \ 118

一、兼综百家的理学总结与批判 \ 118
二、"穷经经世"的经学主张 \ 125
三、"言性命者必究于史"的重史思想 \ 132

参考书目 \ 138

前　言

　　社会变迁与思潮变化，对于史学与史学思想的发展会产生重要影响；换言之，史学与史学思想的发展，都是在特定的社会与思潮背景下发生的。

　　首先从社会变迁而言。历史学的根本任务，是认识与反映客观历史，而这种认识与反映却又离不开史家所处时代的影响，会打上深深的时代烙印。汉代史学的发展，是与汉代社会的变化紧密相联的。汉朝初年，面临秦亡汉兴的历史巨变，史学家、思想家重视以史为鉴，纷纷探讨"秦过"，掀起一股"过秦"思潮，"过秦"也就成为这一时期史学的主要任务。面临刘邦无土而王这一亘古未有之事，汉代史家不但重视从刘邦的"人为"因素去作出探讨，同时大力宣扬神意史观，肯定"神器有命"。汉朝是中国统一多民族国家的巩固时期，大一统政治特点决定了汉代史学重视对于大一统思想的阐发和大一统政治的颂扬。汉代盛世局面的造就，使得这一时期的史学普遍具有"宣汉"意识。宋代史学的发达，同样离不开当时的时代背景。宋、辽、金、西夏政权的并立局面，反映到史学上，集中表现为正统意识的加强，"大居正"与"大一统"成为这一时期史家衡定王朝正统与否的重要标准。宋代社会的积贫、积弱，民族关系的复杂以及各种社会矛盾的激化，促使了士大夫具有强烈的忧患意识，表现在史学上则是普遍重视鉴往察今、以史资政。

其次从思潮变化而言。各时代都有适应时代特点的新思潮的出现，而思潮的变化，特别是作为时代主要思潮的变化，也必然会从观念到方法上对时代史学产生重要影响。汉代经学思潮的兴起，使得这一时期的史学表现出浓厚的崇经意识，"折中于夫子""考信于六艺""旁贯五经"等等，便是这种崇经意识的具体体现；魏晋南北朝玄学思潮的出现，使得这一时期的史学出现玄化倾向，重视人物品评与历史评论、探究名教的自然之理，成为这种玄化倾向的具体体现；在唐代疑古惑经思潮的背景下，前期的刘知幾与后期的

前言

"新《春秋》学派"分别站在史学与经学的角度,对于古史进行了疑辨;宋明理学思潮的兴起,使得这一时期的史学明显具有义理化倾向,理学家治史重视"陶铸历史之偏驳,会归一理之纯粹",史学家治史也普遍重视阐明义理,重视以天理作为历史事件与人物的评判标准,是这一时期史学义理化的具体体现;明清之际实学思潮的兴起,使得这一时期的史学不但重视考镜源流、征实去伪,而且强调经世致用,浓厚的存史意识以及"引古酬今""鉴往训今"的史学观,便是这一时期以史学彰显实学的具体体现。

第一章 汉代社会与史学思想

汉代是中国统一多民族国家的巩固时期。在统一多民族国家的巩固过程中,汉代社会的种种变动,自然会引起汉代史家的关注,他们会对这一时期的历史变动加以记录,作出反应,进行反思,作出解说。史学,特别是史学思想,与社会变动之间持续着一种互动。纵观汉代社会与史学思想的互动,其荦荦大者有:秦亡汉兴的历史巨变,引起汉初史家对秦皇朝速兴速亡历史的深刻反思,由此掀起了一股"过秦"思潮;汉家天子起于闾巷的特殊身份,以及光武中兴使得汉家天下失而复得,引起汉代史家对汉皇朝政权合法性的论证,从而大力宣扬神意史观;汉皇朝国家大一统格局为汉代史学打上了大一统观念的深深烙印;"汉盛于周"的历史定位,反映在史学上便出现了"宣汉"意识。

第一章　汉代社会与史学思想

一、秦亡汉兴的历史巨变与史学的"过秦"思潮

西汉政权是经过秦末战争推翻暴秦统治之后建立起来的。在汉初的人们看来，秦朝曾经是那么的不可一世，它以摧枯拉朽之势扫灭六国而一统天下，建立起了中国历史上第一个大一统的封建皇朝。它通过一系列具体举措，主要包括：政治上，称尊号、除谥法，实行三公九卿和郡县制度，建立起一套君主专制的中央集权制度；经济上，"使黔首自实田"，建立起大一统国家的土地私有制度，同时统一度量衡、货币、车轨，促进各地经济联系；思想上，确立法家思想为大一统国家的统一思想，《秦律》是秦皇朝的统一的法律；文化上，统一文字为隶书，依据阴阳家的五德终始学说建立秦皇朝的德属制度，同时焚书坑儒，实行文化专制统治；民族关系上，北击匈奴、南征百越、开发和建置西南夷、巡游东方沿海、开始交通西域，由此造就了亘古未有的强大国势。正如《琅玡刻石》所说的，此时的秦皇朝可谓"六合之内，皇帝之土。西涉流沙，南尽北户，东有东海，北过大夏，人迹所至，无不臣

者"[1]。然而,正是这样一个不可一世的封建大一统皇朝,却仅仅统治了10余年,便二世而亡了。

秦皇朝的速兴速亡,汉皇朝的继起而兴,社会历史经历了从秦亡到汉兴的历史巨变。时代要求史学家、思想家们对此作出合理的解释,以为新皇朝的政治统治提供历史借鉴。于是乎,"过秦"便成为汉初这一特定历史时期的思想主题和时代思潮,陆贾和贾谊则是汉初这股"过秦"思潮的代表人物。陆贾和贾谊都是西汉初年杰出的政治家和思想家,他们对于西汉初年的政治和治国思想都颇有建树;同时他们又都是杰出的史学家,面对"过秦"这一时代主题,他们都进行了认真的思考。他们积极从事历史著述,通过总结亡秦历史的经验教训,阐发自己对于历史治乱兴衰的认识。

陆贾的历史撰述有《新语》和《楚汉春秋》。《新语》一书乃陆贾奉刘邦之命而作。刘邦在交代陆贾著述此书时,就已经定下了撰述旨趣:"试为我著秦所以失天下,吾所以得之者何,及古成败之国。"[2] 在《新语》中,

---

[1] 《史记》卷八,《秦始皇本纪》,中华书局1959年版。
[2] 《史记》卷九十七,《郦生陆贾列传》,中华书局1959年版。

陆贾"粗述存亡之征",具体分析了秦亡汉兴的历史原因,对于西汉初年刘邦制定国策产生了重要影响。对于《新语》的兴亡论,后人给予很高的评价,肯定其"皆言君臣政治得失,言可采行,事美足观。鸿知所言,参贰经传,虽古圣之言,不能过增"[1]。《楚汉春秋》则是一部反映秦汉之际历史的重要著作,对于了解秦汉之际的历史有着较高的史料价值,也因此成为司马迁撰写《史记》的重要参考文献。班固曾说:"秦兼诸侯,有《战国策》。汉兴伐秦定天下,有《楚汉春秋》。故司马迁据《左氏》《国语》,采《世本》《战国策》,述《楚汉春秋》,接其后事,讫于大汉。其言秦汉,详矣。"[2]刘知幾也认为:"刘氏初兴,书唯陆贾而已。子长述楚、汉之事,专据此书。"[3]都充分肯定了《楚汉春秋》的史料价值。只可惜该书今已散佚,只有一些辑本。

纵观陆贾历史撰述的"过秦"之论,其中心思想即是认为秦之过乃"举措太众、刑罚太极"。陆贾说:"秦

---

[1] 王充:《论衡》卷二十九,《案书》,黄晖校释本,中华书局1990年版。

[2] 《汉书》卷六十二,《司马迁传》,中华书局1962年版。

[3] 刘知幾:《史通》卷十六,《杂说上》,浦起龙注释本,上海古籍出版社2009年版。

始皇设刑罚，为车裂之诛，以敛奸邪，筑长城于戎境，以备胡、越，征大吞小，威震天下，将帅横行，以服外国，蒙恬讨乱于外，李斯治法于内，事逾烦天下逾乱，法逾滋而天下逾炽，兵马益设而敌人逾多。秦非不欲治也，然失之者，乃举措太众、刑罚太极故也。"[1] 在陆贾看来，秦始皇的本意也是想把秦的政治治理好，结果却因为"举措太众、刑罚太极"而导致政权的土崩瓦解。究其原因，陆贾认为主要在于秦始皇不懂得"逆取顺守"的道理。所谓"逆取顺守"，这是汉高祖十一年（前196）陆贾与刘邦辩论"居马上得之，宁可以马上治之"时提出的取天下与守天下之不同术。当时刘邦因反感陆贾常常以《诗》《书》进言而怒骂说："乃公居马上而得之，安事《诗》《书》！"陆贾则针锋相对道："居马上得之，宁可以马上治之乎？且汤、武逆取而以顺守之，文武并用，长久之术也。"并警告刘邦说："乡使秦已并天下，行仁义，法先圣，陛下安得而有之？"[2] 这里所谓"逆取"，是指以武力得天下，也就是"居马上得之"；所谓"顺守"，则是"行仁义"

---

[1] 陆贾：《新语》卷上，《无为》，王利器校注本，中华书局1986年版。
[2] 《史记》卷九十七，《郦生陆贾列传》，中华书局1959年版。

的"文道"。陆贾认为,秦始皇与汤、武一样,皆以"逆取"得天下,却不懂得汤、武"行仁义"以守天下的道理,依然以力守天下,"举措太众、刑罚太极",结果导致国家灭亡。陆贾"逆取顺守"思想的提出,是其深刻反思秦朝历史,从而提出对历史治乱兴衰的理解。

贾谊关于"过秦"的历史撰述,集中见诸被收录在《新书》中的三篇《过秦论》,相关的"过秦"思想还散见于《新书》的其他篇章、《汉书》载录的诸篇奏疏(文字多与《新书》相关篇章雷同)以及所作诗赋当中。

贾谊"过秦"之论的中心思想,是认为秦的败亡乃不懂得"攻守之势异"的道理。贾谊说:秦"以六合为家,崤函为宫;一夫作难而七庙隳,身死人手,为天下笑者,何也?仁心[1]不施而攻守之势异也。"[2] 贾谊认为,秦皇朝的铁桶江山之所以会被"一夫作难"而瞬间土崩瓦解,关键在于其不推行仁政,不懂得"攻守之势异"的道理。在《过秦论》等文献中,贾谊对

---

[1] 此处"仁心"二字,《史记》的《秦始皇本纪》和《陈涉世家》皆作"仁义";《汉书·陈胜传》则作"仁谊"。
[2] 贾谊:《新书·过秦上》,载《贾谊集》,王洲明、徐超校注本,人民文学出版社1996年版。

秦在攻取之时的"势"作了分析,认为秦之所以能取天下,在于其具备"二势"——"形势"(或称"事势")和"地势"。"形势"是人为创造的,"地势"则是天然的。从"地势"而言,秦"据崤函之固,拥雍州之地,君臣固守",拥有易守难攻之地利;从"形势"而言,自秦孝公起,秦重用商鞅,"内立法度,务耕织,修守战之具,外连横而斗诸侯",终于至秦始皇时,"奋六世之余烈,振长策而御宇内",扫灭六国,一统天下。[1]当秦统一天下之后,贾谊认为此时的天下之"势"发生了变化,秦已转攻为守;而守天下时秦皇朝的局势,则是经过战乱之后的国力空虚和民不聊生,"天下之士,斐然乡风","莫不虚心而仰上"[2]。老百姓对秦始皇寄予了很大希望,希望他能行仁政,与民休息,让百姓安居乐业。然而秦始皇并没有认清这样一种守国之"势",反而是"怀贪鄙之心,行自奋之智,不信功臣,不亲士民,废王道立私权,焚文书而

---

[1] 贾谊:《新书·过秦上》,载《贾谊集》,王洲明、徐超校注本,人民文学出版社1996年版。
[2] 贾谊:《新书·过秦中》,载《贾谊集》,王洲明、徐超校注本,人民文学出版社1996年版。

酷刑法，先诈力而后仁义，以暴虐为天下始。"[1]秦二世则更是"重以无道"，"更始作阿房之宫；繁刑严诛，吏治刻深，赏罚不当，赋敛无度，天下多事，吏不能纪，百姓困穷而主不收恤；然后奸伪并起，而上下相遁，蒙罪者众，刑戮相望于道，而天下苦之。"[2]秦皇朝的不施仁义和一味暴虐，迅速败亡也就成为历史的必然。

由上可知，陆贾和贾谊的"过秦论"大旨是相同的，陆贾认为"马上得天下，不能马上治天下"，贾谊强调"攻守之势异"，说明他们都看出了取天下与治天下形势的不同；他们都肯定秦以力取天下的做法，却都一致认为治天下时不施仁义是导致秦皇朝二世而亡的根本原因。这样的"过秦论"，直接促成了汉初重视与民休息的黄老治国思想的出笼。

---

[1] 贾谊：《新书·过秦中》，载《贾谊集》，王洲明、徐超校注本，人民文学出版社1996年版。
[2] 贾谊：《新书·过秦中》，载《贾谊集》，王洲明、徐超校注本，人民文学出版社1996年版。

二、皇朝政权的合法性问题与史学的神意史观

刘邦建汉，不同于此前任何一个王朝。按照《史记》的说法，刘汉以前的中国政治统绪，包括黄帝、颛顼、帝喾、帝尧、帝舜的五帝时代，夏、商、周的三王时代，和接续而建的秦皇朝。这些王朝的建立者们，无论是黄帝之外其他四帝，还是夏、商、周诸王，包括秦始皇，他们都是黄帝的后代，如颛顼为黄帝之孙，帝喾为黄帝曾孙，帝尧为黄帝之后、帝喾之子，帝舜为黄帝之后、瞽叟之子，夏的奠基者大禹为黄帝之后、颛顼之孙，"自黄帝至舜、禹，皆同姓而异其国号"[1]。商、周始祖契和后稷同为黄帝之后、高辛之子[2]。而"秦之先，帝颛顼之苗裔孙曰女修"[3]。这便是《史记》所宣扬的"祖黄帝"的思想。与这些先王的建朝情形不同，刘汉的建立者刘邦则是起于闾巷，无尺土之封，却建立起了刘汉数百年赫赫帝王之业，这是亘古未有的事情。此是

---

[1]《史记》卷一，《五帝本纪》，中华书局 1959 年版。

[2]《史记》卷十三，《三代世表》，中华书局 1959 年版。

[3]《史记》卷五，《秦本纪》，中华书局 1959 年版。

一奇。刘汉政权在历经二百余年的统治之后,一度被王莽所取代。然而莽新皇朝尚未统治二十年,就又重新被刘邦后人刘秀给推翻了,刘汉政权失而复得,出现了"光武中兴"的局面,此乃二奇。刘汉皇朝的无土而王和失而复得现象,自然会引起人们对其政权的合法性作出追究。正是在这样一种政权更替的历史背景下,汉皇朝的史学家们自觉地通过宣扬其神意史观,来为刘汉政权的合法性进行解说、作出论证。

首先对刘汉政权合法性作出神意解说的是司马迁。《史记·高祖本纪》没有为刘邦编造圣王之后的皇朝统绪,却为其缔造了赤帝子传说。这个传说由两个故事组成,其一是"刘母与蛟龙交感而生刘邦"。《高祖本纪》说:"高祖,沛丰邑中阳里人,姓刘氏,字季。父曰太公,母曰刘媪。其先刘媪尝息大泽之陂,梦与神遇。是时雷电晦冥,太公往视,则见蛟龙于其上,已而有身,遂产高祖。"这段话明确表明刘邦乃刘母与蛟龙相交而生,并且是刘父太公亲眼所见,具有真实性。其二是"赤帝子斩白帝子"。据《高祖本纪》记载,秦末大乱,刘邦送役徒至骊山,途中与役徒一同逃亡,酒醉,遇大蛇当道,拔剑斩之,自己也醉倒在路旁,"后人来至蛇所，有一老妪夜哭。人问何哭，妪曰：'人杀吾子，故哭之。'人曰：'妪子何为见杀？'妪曰：'吾子，白帝子也，化为蛇，当道，今为赤帝子斩之，故哭。'人乃以妪为不诚，欲笞之，妪因忽不见。后人至，高祖觉。后人告高祖，高祖乃心独喜，自负。诸从者日益畏之"。第一个故事旨在宣扬天命王权思想，既然刘邦乃天上蛟龙所生，当上天赋予其肉体的同时，也就赋予了其统治下民的权力。第二个故事不仅仅是为刘邦在众役徒中造神，以树立其威望，更蕴含了灭秦的思想内涵。这里所谓赤帝子，代表了刘邦等南方起义军，而白帝子则是指西边的秦皇朝[1]，赤帝子斩白帝子，预示着刘邦等领导的起义军必将推翻暴秦政权。

两汉之际的史家班彪，在目睹王莽代汉和军阀混战的现实之后，却依然相信刘汉的王命不会失去。他曾著有《王命论》一书，对刘汉的"王命"提出自己的解说。《王命论》说：

> 刘氏承尧之祚，氏族之世，著乎《春秋》。唐

---

[1] 按照五行学说，四方与四色相配分别为：南方赤，西方白，北方黑，东方青。

据火德,而汉绍之,始起沛泽,则神母夜号,以章赤帝之符。……世俗见高祖兴于布衣,不达其故,以为适遭暴乱,得奋其剑,游说之士至比天下于逐鹿,幸捷而得之,不知神器有命,不可以智力求也。[1]

这段话宣扬了两个重要思想:其一,"汉为尧后",既然刘邦是圣王尧的后代,其君临天下也就自然而然了;其二,"神器有命",王权不是什么人都可以争取的,也不是靠气力就能争取到的,它是命中注定的。在具体谈到刘邦兴汉的原因时,班彪列举了五条:"一曰帝尧之苗裔,二曰体貌多奇异,三曰神武有征应,四曰宽明而仁恕,五曰知人善任使。"[2] 除去后面两条是从人的素质角度而言,前三条都是从神意角度立论的。当新莽败后天下大乱时,班彪一度避难天水,为割据军阀隗嚣所器重。然而班彪并没有为隗嚣割据出谋划策,反而通过论说汉、周兴亡之异,来规劝隗嚣投奔已经称帝的刘秀。在班彪看来,周朝的灭亡,是因为"本根既微,枝叶强大",而汉朝的危机只是"危自上起,

---

[1] 《汉书》卷一百上,《叙传》,中华书局1962年版。
[2] 《汉书》卷一百上,《叙传》,中华书局1962年版。

伤不及下",并进一步劝谏说:"汉德承尧,有灵命之符,王者兴祚,非诈力所至。"[1] 很显然,班彪对于刘汉王命是坚信不疑的。

班彪《王命论》中宣扬的神意史观,对其子班固影响很大。《汉书》的神意史观,集中体现在对"汉为尧后"说的系统宣扬上。在《汉书·高帝纪》中,班固对自尧以来至高祖刘邦的刘氏世系作了详细论述:

> 《春秋》晋史蔡墨有言,陶唐氏既衰,其后有刘累,学扰龙,事孔甲,范氏其后也。而大夫范宣子亦曰:"祖自虞以上为陶唐氏,在夏为御龙氏,在商为豕韦氏,在周为唐杜氏,晋主夏盟为范氏。"范氏为晋士师,鲁文公世奔秦。后归于晋,其处者为刘氏。刘向云战国时刘氏自秦获于魏。秦灭魏,迁大梁,都于丰,故周市说雍齿曰:"丰,故梁徙也"。是以颂高祖云:"汉帝本系,出自唐帝。降及于周,在秦作刘。涉魏而东,遂为丰公。"丰公,盖太上皇父。其迁日浅,坟墓在丰鲜焉。及

---

[1] 《后汉书》卷四十上,《班彪列传》,中华书局1965年版。

第一章　汉代社会与史学思想

高祖即位，置祠祀官，则有秦、晋、梁、荆之巫，世祠天地，缀之以祀，岂不信哉！由是推之，汉承尧运，德祚已盛，断蛇著符，旗帜上赤，协于火德，自然之应，得天统矣。[1]

这段话详细交代了刘汉世系，肯定刘邦乃唐尧的后代，他是得火德而兴汉的。在西汉末年以前，人们解说王朝更替，采用的是邹衍创立的五行相胜之五德终始说，据此汉朝当为土德，而唐尧只是附属于黄帝，并未单独排列进历史统绪当中。西汉末年，刘歆等人阐发五行相生之五德终始说[2]，确立了历史上的唐尧为

---

[1] 关于高祖刘邦的世系，最早记录汉史的《史记》作如是说："高祖，沛丰邑中阳里人，姓刘氏，字季。父曰太公；母曰刘媪。"（《史记·高祖本纪》）班固此处关于刘氏世系的排列，主要见于《左传》的记载，《左传》文公十三年记载了刘氏的来历，襄公二十四年记载了士会之孙范宣子历数自己的世系情况，昭公二十九年则借晋史蔡墨答魏献子的话，叙述了自刘氏先人刘累到成为范氏的过程。然而"汉为尧后"说仅见于《左传》和谶书，并不见于先秦其他典籍，也不见于《史记》，而《左传》则是经过古文经学家刘歆整理并大力提倡的一部书，刘歆又是"汉为尧后"说的积极宣扬者，难免会有借古籍整理而作伪之嫌。班固在此只是承袭了刘歆的说法，"汉为尧后"说的立论依据并不可靠。

[2] 刘歆的五行相生之五德终始说详载于《汉书·律历志》之《世经篇》中。

火德，汉为尧后，自然也是火德。《汉书》采纳了刘歆的"汉为尧后"说，并明确认为"断蛇著符"便是赤帝子刘邦"德祚已盛"，奉天命建汉的具体标志。于是乎，刘汉取代暴秦也就顺理成章了。

东汉末年，刘汉政权名存实亡，人们开始对汉家天统是否能永存下去产生了怀疑，黄巾起义军就提出了"苍天已死，黄天当立，岁在甲子，天下大吉"的口号，誓以土德取代汉家火德。在这样一个特定的历史变动时期，汉末史家荀悦著《汉纪》，通过宣扬"汉为尧后、永得天统"思想，来竭力维护汉家正统地位。《汉纪》开篇便详细叙述了刘歆的五行相生之五德终始说，宣扬"汉为尧后"说。《汉纪》的"帝纪赞"皆抄袭《汉书》旧文，唯有《高祖纪赞》则是荀悦精心所作，他是要通过作此赞语，来系统表达自己的天命王权思想。《高祖纪赞》说：

> 高祖起于布衣，奋剑而取天下，不由唐虞之禅，不阶汤武之王，龙行虎变，率从风云，征乱伐暴，廓清帝宇，八载之间，海内克定，遂何天之衢登建皇极！上古以来，书籍所载，未尝有也。

非雄俊之才，宽明之略，历数所授，神祇所相，安能致功如此！夫帝王之作，必有神人之助，非德无以建业，非命无以定众。

这段话的中心思想是"非德无以建业，非命无以定众"，前者肯定人为，后者则强调天命。在荀悦看来，刘邦建汉，既有刘邦个人所具备的才德明略等因素，更是"历数所授，神祇所相"，"有神人之助"的天命使然。为了体现其神意史观的一贯到底性，荀悦在《汉纪》的结尾，则详载了班彪的《王命论》，系统宣扬了"神器有命"的思想。值得注意的是，《汉纪》问世于汉末军阀割据时代，与班彪所处的莽新败后军阀割据的情形非常相似，在这种背景下大力宣扬班彪《王命论》"神器有命"的思想，其现实寓意是非常明显的，那就是要以此来杜绝当时那些窥视天下神器的军阀们的非分之想，以期延续刘汉的王命，维护刘汉的正统。

三、国家大一统格局与史学的大一统观念

两汉国家大一统格局，经历了一个从汉初的形成

到汉武帝时期的扩大,再到汉武帝之后的持续过程。从大一统格局的具体内涵而言,包括维护政治大一统的中央集权体制的建立与巩固、经过对统治思想进行抉择而确定的思想大一统,以及加强民族交往而形成的民族大一统诸因素。

首先,从中央集权体制的建立与巩固而言。中央集权体制,是影响大一统格局的政治因素,因而是大一统格局的核心。汉初的政治体制是郡国并行。客观地说,刘邦在汉初以同姓王取代异姓王,可以被看作是刘汉完成大一统政权的集权统治的重要标志。正如司马迁所说:当时"天下初定,骨肉同姓少;故广强庶孽,以镇抚四海,用承卫天子也"[1]。然而,随着时间的推移,封国日益构成对中央集权的严重威胁,一些清醒的政治家已经认识到问题的严重性,一种"强干弱枝"的理论应运而生。如贾谊提出"众建诸侯而少其力"建议、晁错提出"削藩"主张,等等。而西汉封国问题的最终解决则是汉武帝时期。在汉武帝诸多削藩措施当中,最有力度的当属接受主父偃建议颁布

---

[1]《史记》卷十七,《汉兴以来诸侯王年表》,中华书局1959年版。

第一章 汉代社会与史学思想

"推恩令":令诸侯王自裂其地分其子弟为侯,由中央"定制封号""别属汉郡"[1]。王国问题由此得以解决,中央集权得到加强。东汉初年,虽然又进行了分封,然所封诸侯王"惟得自娱宫内,不得临民,干预政事"[2]。性质已经不同了。两汉王国问题的最终解决和中央集权体制的巩固,是形成政治大一统的标志。

其次,从统治思想的抉择而言。汉初统治思想的确立,是以秦为鉴的结果。秦以酷法、苦民二世而亡,汉初反其道而行之,确定以清静无为、与民休息为主旨的黄老思想为统治思想。经过汉初六七十年的休养生息,终于造就了"文景之治"。然而,黄老道家毕竟是老庄道家的支流。汉武帝即位后,面对匈奴之患和王国问题,时代需要"尊王攘夷",黄老道的"无为"无法肩负起时代使命。于是乎,董仲舒"罢黜百家,独尊儒术"的建议得到汉武帝的采纳,汉家由此确定了儒家思想作为统治思想,完成了政治大一统国家的思想大一统,中国两千年官方统治意识形态也由此得以确立。

---

[1] 《汉书》卷六,《武帝纪》,中华书局1962年版。
[2] 《三国志》卷五十九,《吴志·孙奋传》,中华书局1959年版。

再次,从民族关系的发展而言。两汉的民族关系,从汉皇朝的民族政策与具体举措而言,主要有对匈奴的和战、通西域、内迁西羌、交往东北各族、"和集百越"和开发西南夷等,其结果是加强了汉与边地的经济文化往来,促进了民族间的融合、特别是边地各少数民族的内附与汉化,大大展拓了中国统一多民族国家。两汉在民族关系方面的另一重要成果,是汉民族作为主体民族的形成。吕思勉先生说:"汉族之名,起于刘邦称帝之后。昔时民族国家,混而为一,人因以一朝之号,为我全族之名。自兹以还,虽朝屡改,而族名无改。"[1] 汉民族作为主体民族的形成,与汉皇朝大一统格局分不开,反过来它又巩固了汉皇朝的大一统政权。随着汉皇朝大一统格局的不断扩大,统治区域也有很大扩展,已发展成为"广地万里,重九译,致殊俗,威德遍于四海"[2] 的大帝国,奠定了今天中国统一多民族国家的疆域基础,民族大一统已经不再只是一种理想。

两汉国家大一统格局,自然会反映到这一时期的

---

[1] 吕思勉:《先秦史》,上海古籍出版社1983年版,第22页。
[2] 《汉书》卷六十一,《张骞李广利传》,中华书局1962年版。

第一章 汉代社会与史学思想

历史撰述与史学思想中。

首先表现在运用纪传体体裁反映大一统社会格局。汉代是纪传体的创立和繁盛时期,司马迁《史记》和班固《汉书》代表了纪传体史书撰述的最高成就。其实纪传体是一种综合体,其中"本纪"基本上是编年体,"列传"是人物传记,"世家"是诸侯和贵族的历史,"书""志"是关于典章制度和有关社会文化生活各方面的历史,"表"是表达错综复杂的历史情况的史表。司马迁和班固之所以用这种综合体性质的纪传体撰述历史,显然是为了能全面地反映汉皇朝大一统格局历史全貌的需要。白寿彝先生就说:"《史记》把多种体裁综合起来,形成一个互相配合的整体,能从多方面反映社会生活,构成一个时代的全史,并且容量很大,有很大的伸缩性。"[1]这句话也同样适用于《汉书》。司马迁在《太史公自序》中也对为何以纪传体记述历史有个清楚的说明:

> 网罗天下放佚旧闻,王迹所兴,原始察终,

---

[1] 白寿彝:《中国通史》第一卷,《导论》,上海人民出版社1989年版,第303页。

见盛观衰，论考之行事，略推三代，录秦汉，上记轩辕，下至于兹，著十二本纪，既科条之矣。并时异世，年差不明，作十表。礼乐损益，律历改易，兵权山川鬼神，天人之际，承敝通变，作八书。二十八宿环北辰，三十辐共一毂，运行无穷，辅拂股肱之臣配焉，忠信行道，以奉主上，作三十世家。扶义俶傥，不令己失时，立功名于天下，作七十列传。

这样的历史记述，自然会"构成一个时代的全史"，便于反映大一统格局。同时，这段话还从天人关系、世家和列传所反映的君臣关系，体现了一种王者一统的思想。

其次，两汉史学的多民族史撰述体现了民族国家一统的思想。司马迁的《史记》一共做了6个少数民族史列传，分别是《匈奴列传》《南越尉佗列传》《东越列传》《朝鲜列传》《西南夷列传》和《大宛列传》，按地区包括北方、南方、东南、东北、西南和西北各少数民族的历史，其中有些记载是超越当时和今天疆域范围的。《史记》将民族史传纳入"七十列传"之中，不仅全面系统地反映了中国统一多民族国家的历史，而且视华夷各民族为一体的做法也体现了其民族国家一统的思想。当然，《史记》的民族史撰述能够有如此广阔的视野，与汉皇朝空前的大一统格局是密不可分的；而这种多民族史撰述又很好地服务了汉代大一统格局的需要。同时，《史记》的多民族史撰述也与其民族同源共祖的思想分不开。在司马迁看来，无论是春秋时期被视为蛮夷的秦、楚、吴、越，还是汉代依旧被视为蛮夷的匈奴，它们的建国者都是黄帝的后代，[1]诚如《吴太伯世家》所言："中国之虞与荆蛮句吴兄弟也。"既然是同宗共祖的兄弟，各民族自然为一体，他们都是大一统国家的一分子。

与司马迁《史记》的民族史撰述相比，班固《汉书》的民族史撰述有两个变化：其一，合并《史记》6篇民族史传为3篇，分别是《匈奴传》《西南夷两越朝鲜传》和《西域传》；其二，将3篇民族史传置于诸传最后，《外戚传》《王莽传》和《叙传》之上。之所以如此，完全是整齐体例的需要。与司马迁一样，班固也是视各

---

[1] 参见秦、楚、吴、越、匈奴相关本纪、世家和列传。

少数民族为汉皇朝统一多民族国家的组成部分的。《汉书》的民族史撰述所呈现的特点，既是从汉代大一统格局的现实出发的，也与班固对司马迁民族同源共祖思想的继承分不开。在《汉书》的诸少数民族史传以及《古今人表》等篇中，也宣扬了"祖黄帝"的思想。

最后，两汉史学普遍重视颂扬和维护大一统政治。司马迁生活的时代，正值汉代大一统格局扩大之时，《史记》作为通史，对自黄帝以来的三千年历史出现的大一统局面进行了颂扬。《史记》祖黄帝，而据《五帝本纪》的记载，黄帝正是一个通过"置左右大监，监于万国"，从而建立起一个东至于海，西至于空桐，南至于江，北"合符釜山，而邑于涿鹿之阿"的万国一统政权的帝王。《夏本纪》详载大禹治水的事迹，肯定大禹因治水成功而造就了"东渐于海，西被于流沙，朔南暨，声教讫于四海"的大一统格局。《史记》对秦政多有批评，却充分肯定秦的统一是"世异变，成功大"。[1] 对于司马迁亲眼所见的"海内一统"的汉皇朝，《史记》更是着力进行歌颂。《平准书》对文景盛世经

---

[1] 《史记》卷十五，《六国年表》，中华书局1959年版。

济繁荣局面作了满怀激情的颂扬;《货殖列传》则肯定"汉兴,海内为一,开关梁,弛山泽之禁,是以富商大贾周流天下,交易之物莫不通"。《史记》不但颂扬大一统,也重视维护大一统。如对贾谊、晁错等人的削藩主张表示支持,《袁盎晁错传》借邓公之口说:"夫晁错患诸侯强大不可制,故请消地以尊京师,万世之利也。"对汉武帝以推恩之法最终消除封国势力给予肯定,认为只有这样才能形成"强本干,弱枝叶之势,尊卑明而万事各得其所矣"[1]。对那些反叛中央、破坏大一统格局的诸侯王则给予否定,如《史记》评论淮南王、衡山王的反叛之事说:"淮南、衡山亲为骨肉,疆土千里,列为诸侯,不务遵蕃臣职以承辅天子,而专挟邪僻之计,谋为畔逆,仍父子再亡国,各不终其身,为天下笑。"[2]

班固《汉书》作为包举西汉一朝史事的断代史,主要是对西汉大一统格局的颂扬与维护。《汉书·地理志》对汉武帝时期的开疆拓土与国土管制作了记述:"武帝攘却胡、越,开地斥境,南置交阯,北置

---

[1] 《史记》卷十七,《汉兴以来诸侯王年表》,中华书局1959年版。
[2] 《史记》卷一百一十八,《淮南衡山列传》,中华书局1959年版。

朔方之州，兼徐、梁、幽、并夏、周之制，改雍曰凉，改梁曰益，凡十三州部，置刺史。"[1]在郡之上再设州刺史部，这是汉武帝地方行政机构改革的一个创举。《地理志》还从行政区划、疆域广度、土地与人口等多重角度，对西汉大一统格局的形成和扩大进行了描述："汉兴，以其郡太大，稍复开置，又立诸侯王国。武帝开广三边。故自高祖增二十六，文景各六，武帝二十八，昭帝一，讫于孝平，凡郡国一百三，县邑千三百一十四，道三十二，侯国二百四十一。地东西九千三百二里，南北万三千三百六十八里。提封田一万万四千五百一十三万六千四百五顷，其一万万二百五十二万八千八百八十九顷，邑居道路，山川林泽，群不可垦，其三千二百二十九万九百四十七顷，可垦不可垦，定垦田八百二十七万五百三十六顷。民户千二百二十三万三千六十二，口五千九百五十九万四千九百七十八。汉极盛矣。"[2]与司马迁一样，班固也重视维护大一统格局。如《淮南衡山济北王传》评淮南、衡山作乱之事说："淮南、衡

---

[1]《汉书》卷二十八上，《地理志》，中华书局1962年版。
[2]《汉书》卷二十八下，《地理志》，中华书局1962年版。

山亲为骨肉，疆土千里，列在诸侯，不务遵蕃臣职，以丞辅天子，而专挟邪辟之计，谋为叛逆，仍父子再亡国，各不终其身。"针对汉景帝时吴国等藩国势力过大，班固表达了自己的忧心，认为"古者诸侯不过百里，山海不以封，盖防此也"，而肯定晁错削藩主张是"为国远虑"，[1]表现了史家维护大一统政治格局的一种自觉。

四、"汉盛于周"的历史定位与史学的"宣汉"意识

在先秦时期，孔子心目中所钦慕的盛世王朝是周朝。《论语·八佾》说："周监于二代，郁郁乎文哉！吾从周。"这是说周朝的礼乐制度是借鉴夏、商二代建立起来的，却是那么的丰富多彩，所以孔子遵从周朝的制度。从历史定位而言，周朝不但礼乐文明发达，奠定了中国后来文明制度的基础，而且国祚长久，延绵八百年，确实是秦汉以前中国历史上最强盛、辉煌

---

[1] 《汉书》卷三十五，《荆燕吴传》，中华书局1962年版。

的王朝。随着汉皇朝大一统政权的建立和扩大,生活在汉皇朝的人们对历史上各朝代历史地位的评判开始发生变化。在他们的心目中,汉皇朝才是历史上最强盛的,思想家王充堪为代表,他撰述《论衡》一书,在《宣汉》《须颂》《恢国》《齐世》《超奇》《案书》《别通》和《讲瑞》等篇章中,公开宣扬"汉盛于周"的观点。如从立国难易而言,《恢国》篇从高祖诛项羽如折铁、武王伐纣如摧木,高祖诛秦杀项力倍汤、武,高祖伐暴秦道义上要顺于武王伐纣和高祖、光武立国"无尺土所因"等四个方面肯定了汉皇朝立国之难。从开疆拓土而言,《别通》篇肯定汉朝疆土较之商周更为广阔,"殷、周之地,极五千里,荒服、要服,勤能牧之。汉氏廓土,牧万里之外,要、荒之地,褒衣博带。"从"郁郁之文"而言,孔子赞叹周朝"郁郁乎文哉",王充则更肯定汉皇朝文章之盛,《超奇》篇说:"周有郁郁之文者,在百世之末也。汉在百世之后,文论辞说,安得不茂!"认为汉皇朝是学者文人辈出的时代,董仲舒、司马迁、扬雄、刘向、刘歆、桓谭和班彪等人则是其中的佼佼者。从瑞应多寡而言,王充认为"瑞物皆起和气而生"[1]，乃为太平盛世的象征。《恢国》篇认为，与商周等古圣王时代所得瑞物相比，汉皇朝的瑞物往往众多、"重至"；《宣汉》篇也说"论符瑞则汉盛于周"。最后王充总结说："夫实德化则周不能过汉，论符瑞则汉盛于周，度土境则周狭于汉，汉何以不如周？"[2] 王充这样一种系统的"汉盛于周"的观点，其实是代表了汉代人们关于汉皇朝历史定位的一种普遍认识，它大致也是符合历史事实的。这样一种"汉盛于周"的历史定位，反映到汉代史学中，则表现为一种普遍的"宣汉"意识。

司马迁父子最早表达了这种"宣汉"的思想。司马谈生当汉武帝初年，亲眼目睹了汉皇朝日益强盛，通过不断向外展拓，而成就海内一统功业的现实。他作为太史令，觉得自己有这个义务去载记下这个伟大时代的历史。由于天不假年，司马谈没有来得及完成撰述汉史的工作，只好临终遗言其子司马迁去完成他的未竟事业。《史记·太史公自序》记录下了这段临终遗言：

---

[1] 王充：《论衡》卷十九，《讲瑞》，黄晖校释本，中华书局1990年版。
[2] 王充：《论衡》卷十九，《宣汉》，黄晖校释本，中华书局1990年版。

> 夫天下称颂周公，言其能论歌文、武之德，宣周、邵之风，达太王、王季之思虑，爰及公刘，以尊后稷也。幽、厉之后，王道缺，礼乐衰，孔子修旧起废，论《诗》《书》，作《春秋》，则学者至今则之。自获麟以来四百有余岁，而诸侯相兼，史记放绝。今汉兴，海内一统，明主贤君忠臣死义之士，余为太史而弗论载，废天下之史文，余甚惧焉，汝其念哉！

这段话有两层含义，其一是肯定周公宣周室之德、孔子整理"六经"以保存三代文献的功德；其二是对自己未能对《春秋》之后的历史，特别是海内一统、主明臣贤的汉皇朝的历史加以记载而感到无限遗憾和诚惶诚恐。而正是这种无限遗憾之情，充分反映了司马谈强烈的"宣汉"意识。

司马迁对于汉皇朝的强盛也是由衷地给予赞叹的，他说："汉兴以来，至明天子，获符瑞，建封禅，改正朔，易服色，受命于穆清，泽流罔极，海外殊俗，重译款塞，请来献见者，不可胜道。"面对这样一个强盛的时代，作为一个史臣，认为自己有这个"宣汉德"和"颂功臣"的义务，所以他说："臣下百官力颂圣德，犹不能宣尽其意。且士贤能而不用，有国者之耻；主上明圣而德不布闻，有司之过也。且余尝掌其官，废明圣盛德不载，灭功臣世家贤大夫之业不述，堕先人所言，罪莫大焉。"[1] 在此，司马迁明确认为不布闻当朝明主之德，不能遵从父亲的临终遗言，乃"罪莫大焉"。很显然，司马迁父子都是以颂扬汉皇朝功德为己任的。

班固作为东汉初年的史学家，对于汉皇朝的历史定位自然有着比司马迁父子更加清晰的认识。他赞同王充"汉盛于周"的评判，尝作诗赋颂扬大汉之德。对此王充也是引为同调的，《论衡·须颂》就说："汉德酆广，日光海外也。知者知之，不知者不知汉盛也。汉家著书，多上及殷、周，诸子并作，皆论他事，无褒颂之言，《论衡》有之。又《诗》颂国[2]名《周颂》，杜抚、(班)固所上《汉颂》，相依类也。"班固作《汉书》，公然以"宣汉"为撰述旨趣，《汉书·叙传》说：

---
[1] 《史记》卷一百三十，《太史公自序》，中华书局1959年版。
[2] 此处"颂国"当作"颂周"，参见《论衡》卷二十《须颂》黄晖注。

固以为唐虞三代,《诗》《书》所及,世有典籍,故虽尧舜之盛,必有典谟之篇,然后扬名于后世,冠德于百王,故曰"巍巍乎其有成功,焕乎其有文章也!"汉绍尧运,以建帝业,至于六世,史臣乃追述功德,私作本纪,编于百王之末,厕于秦、项之列。太初以后,阙而不录,故探撰前记,缀辑所闻,以述《汉书》。

这段话表明了两个重要思想:其一,帝王功德只有通过典籍的记载,才能"扬名于后世,冠德于百王"。像历史上唐虞三代之德,便是通过"六经"典籍的记载才传之后世的。其二,汉皇朝是古圣王尧的后代刘邦所建的盛世皇朝,以往的汉史撰述没有肩负起颂扬汉德的重任。对于这第二层含义,其实是从历史编纂的角度对以往的汉史撰述未能体现"宣汉"思想作了否定。在《汉书》问世以前,有关西汉历史的记载,武帝以前主要有《史记》,武帝之后则有自褚少孙至班彪10余家《史记》续作。在班固看来,这些历史撰述都没有很好地肩负起"宣汉"的历史使命。首先

第一章　汉代社会与史学思想

是《史记》，由于受生活时代局限，所记述的汉史仅止于汉武帝太初年间，因而无法对汉皇朝的历史定位作出全面的评价。而《史记》通史纪传将汉皇朝"编于百王之末，厕于秦、项之列"，班固认为贬低了汉皇朝的历史地位。其次是《史记》诸家续作，除褚少孙所补内容被附于《史记》之中，班彪《史记后传》的一些内容存于《汉书》之中而得以流传外，其他诸家《史记》续作皆已不存。这从一个侧面也反映出诸家续作本来就难堪其任，被历史淘汰也在情理之中。班固断汉为史作《汉书》，就是要以这部典籍与大汉皇朝的功德相匹配，以期全面地载记下西汉皇朝的历史功德，确定起这个盛世皇朝的历史地位，从而达到"宣汉"的目的。

《汉书》的撰述，始终贯穿了这样一种"宣汉"旨趣。如《汉书》以神意史观来解说汉皇朝的历史统绪，即是为了论证汉皇朝建立的合法性，对此前已论述，不再赘言；《汉书》"上下恰通"，全面记述西汉皇朝历史，这不仅体现在众多"本纪"和"列传"对西汉君臣事迹的记述上，也反映在"十志"对西汉一朝政治、经济和思想文化诸方面的典章制度的系统记述中；《汉书》对西汉皇朝政治治理成就进行歌颂,如《文帝纪》歌颂文帝时期的清明政治是"海内殷富,兴于礼义,断狱数百,几致刑措"。《景帝纪》称颂"文景之治"说:"汉兴,扫除烦苛,与民休息。至于孝文,加之以恭俭,孝景遵业,五六十载之间,至于移风易俗,黎民醇厚。周云成康,汉言文景,美矣!"如此等等,足见《汉书》对"宣汉"旨趣之贯彻的全面与系统。

第二章　宋代社会与史学思想

宋代是中国统一多民族国家进一步发展时期。这一时期社会政治、经济、思想、文化、民族关系与阶级关系等诸多方面的发展变化，在宋代史学与史学思想中得到反映，并且促进了这一时期史学与史学思想的发展。以下着重从国家政权的分立格局与史学正统观念的发展、社会危机的不断加深与史学资政意识的凸显以及理学思潮的兴起与史学的义理化倾向三个方面，对宋代社会与史学思想之内在关系作一论述。

一、国家政权的并立格局与史学正统观念的发展

终两宋时期，中国的国家政权一直是处于并立局面。北宋时，虽然结束了五代十国的分裂割据局面，

中原和南方地区归于统一，但是在其北边、西边，却依然还有辽、西夏和吐蕃等政权，后期北部又兴起了金政权；南宋因中原失守，偏居东南一隅，宋、金长期对峙，后期的漠北又兴起了蒙古政权。政权的长期并立格局，一方面对中华民族区域社会与经济、特别是各边区区域社会与经济的发展有着积极作用，在西夏、辽、金、蒙古和吐蕃等少数民族政权统治下，北部和西部等边区的社会与经济都有了不同程度的发展；另一方面，随着各民族政权间相互交往的加强，其中既有民间往来、榷场贸易，也包括军事战争，各民族间相互借鉴、相互吸取，民族融合趋势明显加强，成为中国统一多民族国家发展史上的一个重要阶段。

这种政权并立局面对于汉族建立的宋政权的影响而言，其积极一面是通过民族交往而对经济文化的相互汲取，由此丰富了汉民族的经济文化生活；其消极一面则因契丹、党项、女真和蒙古等少数民族的长期侵扰，致使汉地农业文明遭到破坏。此外，宋与辽、西夏、金以及蒙古政权之间的战争，除去战争本身劳民伤财外，数量可观的停战盟约支出，也成为宋政权的一个沉重负担。而政权并立对宋政权的影响，最主

第二章 宋代社会与史学思想

要的还是表现在思想观念上。中国自古以来秉持着一种大一统的观念,两宋的诸多政权并立,自然会激起宋朝汉族士大夫的强烈不满,他们渴望国家的强大与大一统政治的建立。从北宋的收复幽云十六州之役到南宋的不断北伐,说明结束分裂、完成统一,是宋朝的一种国家意志和愿望。

在这样一种特定历史背景下,两宋史学的正统观念出现了明显的变化,那就是普遍重视以大一统作为国家政权正统与否的标准。史家欧阳修提出了自己对正统问题的认识,他说:"《传》曰:君子大居正,又曰:王者大一统。正者,所以正天下之不正也;统者,所以合天下之不一也。"[1] 在此,欧阳修提出了政权正统与否的两个标准:大居正和大一统。前者是就道德而言,后者则是以事功而论,即是"较其德与迹"。从历代政权存在的实际情况来看,"正"与"一"兼具的情况较少,于是欧阳修又提出"始虽不得其正,卒能合天下于一"的政权,也属于正统政权。据此,他肯定历史上尧、舜、夏、商、周、秦、汉、晋、隋、唐皆

---

[1] 欧阳修:《居士集》卷十六,《正统论》,载《欧阳修全集》,中国书店1986年版。

为正统政权。值得注意的是，自汉朝起，史家往往否定秦朝的正统地位。对此欧阳修提出批评，他明确指出："恶秦而黜之为闰者，谁乎？是汉人之私论。"[1]

司马光也明确以"九州合为一统"作为正统与否的标准。他说："臣愚诚不足以识前代之正闰，窃以为苟不能使九州合为一统，皆有天子之名而无其实者也。虽华夷仁暴，小大强弱，或时不同，要皆与古之列国无异，岂得独尊奖一国谓之正统，而其余皆为僭伪哉！"[2] 这段话包含两个思想：其一，提出以能否使"使九州合为一统"作为正统政权的标准；其二，认为分裂时期的并存政权虽然有华夷仁暴、小大强弱之分，却与古代列国同属一类，都不是正统政权，不能只"独尊奖一国"，而斥责他国为僭伪。很显然，司马光也是将是否大一统作为政权正统与否的唯一标准的。

南宋理学家兼史学家朱熹，尽管其正统观念的义理色彩非常浓厚，却同样是将大一统作为政权正统与否的唯一标准的。朱熹认为，"只天下为一，诸侯朝

---

[1] 欧阳修：《居士集》卷十六，《正统论》，载《欧阳修全集》，中国书店1986年版。
[2] 司马光：《资治通鉴》卷六十九，"魏纪一"，中华书局1956年版。

觇狱讼皆归，便是得正统"；反之，国家分裂，诸国并立，"不能相君臣，皆不得正统"[1]。根据这一标准，被朱熹确定为正统的王朝，自周以降至五代，有周、秦、汉、晋、隋、唐六朝，而其余如三国、东晋、十六国、南北朝、五代十国等分裂时期的政权都不得正统。朱熹对无统政权的分辨更为细致，一共分为六种情形：列国、建国、不成君、远方小国、正统之始和正统之余。其中所谓正统之始，是指"始不得正统，而后方得者"[2]，如晋、隋、唐创业之时；正统之余则是指丧失大一统局面后的正而无统的政权，如蜀汉、东晋。朱熹明确指出，这两种情形都从无统之例。由此可见，朱熹对正统的判定是非常严苛的。

毫无疑问，宋代史学正统观念的主流思想，都是崇尚大一统的。回顾中国史学正统观念的发展史，我们知道，汉代的闰秦思想，主要是为凸显汉皇朝的正统地位；魏晋南北朝分裂时期的正统之争，或是争取本朝政权的合法地位，或是对峙民族政权间的正统之争；而两宋史学以大一统作为正统与否的标准，少了

---

[1] 黎靖德编：《朱子语类》卷一百零五，岳麓书社1997年版。
[2] 黎靖德编：《朱子语类》卷一百零五，岳麓书社1997年版。

历代正统观念的一些偏见与私心,是对传统史学正统观念的重要发展。这种正统观念的政治寓意是显而易见的,它反映了两宋时期史学家对大一统政治的渴望,希望宋皇朝能够奋发有为,成为一个大一统的正统政权。

二、社会危机的不断加深与史学资政意识的凸显

北宋立国伊始,社会各种矛盾就开始显现出来。首先是冗官、冗兵和冗费之"三冗"现象严重。"三冗"从根本上说,是宋朝政治体制改革而产生的副作用。宋太祖为加强中央集权,在政治、军事、财经等方面采取了一系列分权举措,结果导致官僚机器的庞大,加重老百姓的负担,进而导致社会矛盾的激化。其次是民族关系的紧张。两宋时期,宋与辽、西夏、金、蒙古等各民族政权并立,民族与民族政权间的关系,既有友好往来,也常刀兵相见。由于宋朝在边备上一直采取"虚外"的消极防御政策,经常是以大量钱财来换取和平,其结果则无疑会加重宋朝财政负担。再次是土地关系的紧张。宋朝的阶级关系发生了变化,

第二章　宋代社会与史学思想

品官地主已经取代此前的门阀地主，而在地主阶级各阶层中占据了主导地位。由于品官地主世袭特权有限，他们的经济基础主要是依靠占有土地，甚或无限制地侵占土地而建立起来的，这必然会导致宋朝土地关系的紧张，进而激化社会矛盾。

宋朝各种社会危机的不断加深，必然会引发士大夫强烈的忧患意识。范仲淹作《岳阳楼记》，深刻表达了这一时期积极入世的士大夫的这种忧患意识和使命感，其曰："居庙堂之高，则忧其民；处江湖之远，则忧其君；是进亦忧，退亦忧。"[1] 范仲淹等人推行的"庆历新政"，即是基于这样一种忧患意识，通过进行政治改革，希望能解决当时社会"官壅于下，民困于外，夷狄骄盛，寇盗横炽"[2]的困境。王安石在变法前的《上皇帝万言书》中，也表达了这种忧患意识，他说当时的国家"顾内则不能无以社稷为忧，外则不能无惧于夷狄，天下之财力日以困穷，而风俗日以衰坏，四方有志之士，諰諰然常恐天下之久不安"[3]。如果说范仲

---

[1] 范仲淹：《岳阳楼记》，载《范文正公集》，四部丛刊本。
[2] 范仲淹：《政府奏议上》，载《范文正公集》，四部丛刊本。
[3] 王安石：《王文公文集》卷一，四部丛刊本。

淹是表达了个人的一种忧患意识的话,那么王安石这里所说的则已经是"四方有志之士"的一种普遍的忧患意识了。

这样一种忧患意识,反映到宋代史学思想当中,则表现为一种强烈的史学资政意识。司马光无疑是宋代史学以史资政的代表者。司马光《通鉴》系列著作的发端,当属《历年图》的编写。在《历年图序》中,司马光清醒地认识到"自古以来,治世至寡,乱世至多,得之甚难,失之甚易也"。基于史家的忧患意识和历史使命感,他"采战国以来至周之显德,凡小大之国所以治乱兴衰之迹,举其大要,集以为图"[1]。显而易见,《历年图》的编写,是为了探寻历代"所以治乱兴衰之迹",以为现实政治做借鉴。只是该书仅有5卷,过于简明,还难以承载探寻历史治乱兴衰的重任。继而司马光又编成《通志》8卷,宋英宗赐名《历代君臣事迹》,命其继续撰述。宋神宗即位后,以为该书"鉴于往事,有资于治道"[2],特赐名《资治通鉴》。成书后的

---

[1] 司马光:《稽古录》卷十六,北京师范大学出版社1988年版。

[2] 司马光:《资治通鉴》卷首,《新注〈资治通鉴〉序》,中华书局1956年版。

第二章 宋代社会与史学思想

《资治通鉴》，其资治色彩非常浓厚。在《进〈资治通鉴〉表》中，司马光对该书的资政特色作了很好的说明：其一是凸显史书以古鉴今的功能："鉴前世之兴衰，考当今之得失，嘉善矜恶，取是舍非，足以懋稽古之盛德，跻无前之至治"；其二是明确该书在选材上与以往史书记载繁杂史事不同，它只是围绕或突出两大主题——"国家兴衰"和"生民休戚"，体现了帝王教科书的特点。[1]

《册府元龟》是宋真宗时期编纂的一部大型类书，也是一部关于政事历史的百科全书。颇为有趣的是，该书初名即是《历代君臣事迹》，与后来宋英宗给司马光《通志》一书所赐书名相同。顾名思义，该书记述的内容自然也是以君臣事迹为限。后来书成进呈，诏名《册府元龟》，显而易见，是要以历史上的君臣事迹来为当时君臣治国做借鉴，资政色彩明显。正如该书《国史部总序》所言，史家的职责，就是要"肇于上世，所以记人君之言动，载邦国之美恶，著为典式，垂之来裔，申褒贬之微旨，为惩劝之大法"[2]。

---

[1] 司马光：《资治通鉴》卷尾，《进〈资治通鉴〉表》，中华书局1956年版。
[2] 王钦若等编：《册府元龟》卷五六二，《国史部》，中华书局1959年版。

宋代史学以史资政还有一个典型表现形式,那就是特别重视当代史、本朝史的撰述。李焘的《续资治通鉴长编》、李心传的《建炎以来系年要录》和徐梦莘的《三朝北盟汇编》等,堪为这一时期当代史、本朝史撰述的代表。这些当代史、本朝史撰述的一个重要出发点,即是要在当代历史中找寻兴亡教训,以史资政。如李焘编纂《续资治通鉴长编》,其用力很勤:"臣网罗收拾垂四十年,缀葺穿联逾一千卷,抵牾何敢自保?精力几尽此书。"该书的资政特色,首先表现在编纂体例上一照司马光《资治通鉴》:"臣今所纂集,义例悉用光所创立,错综铨次,皆有依凭。顾臣此书,讵可便谓《续资治通鉴》?姑谓《续资治通鉴长编》可也。"其次表现在编纂原则上特详北宋晚年事迹:"今欲纂辑治平以后至中兴以前六十年事迹,庶几一祖八宗之丰功盛德,粲然具存,无所阙遗。……大废置、大征伐,关天下之大利害者,其事迹比治平以前特异。宁失之繁,无失之略。"[1] 由此可见李氏以史资政的用心可谓良苦。

---

[1] 马端临:《文献通考》卷一九三,《经籍考二十》,中华书局1991年版。

重视经世致用，这是中国古代史学的优良传统。孔子作《春秋》，通过挞伐乱世以扶植纲常；司马迁作《史记》，要"稽其成败兴坏之理"；班固作《汉书》，以宣汉为己任；袁宏作《后汉书》，通过"通古今而笃名教"；范晔作《后汉书》，以"正一代得失"；杜佑作《通典》，"征诸人事，将是有政"。到了宋代，史学资政意识空前凸显，这种史学思想的变化与宋代社会危机的不断加深密切相关。

三、理学思潮的兴起与史学的义理化倾向

理学是宋代兴起的一种哲学思潮。宋代理学的兴起，与宋代社会关系的变化、民族矛盾的错综复杂、"右文"的治国政策，以及长期以来佛道思想的渗透，都有着密切的关系，而最直接的动机，则是整饬人心、扶植纲常的需要，以期改变唐末五代以来人心不古、道德沦丧、纲常坠地的局面。从学理角度而言，理学是以儒家思想为主干，同时吸收佛、道思想而形成的一种新儒学。这种新儒学兴起于北宋，发展于南宋，流行于元、明、清，成为中国古代社会后期的统治思

想和官方哲学。理学讨论的中心问题是性与天道,也兼及政治、道德、历史、教育、宗教等诸多问题,根本旨趣是"存天理,灭人欲"。宋代理学内部派别众多,从大的分类来讲,有以二程(颢、颐)、朱熹为代表的客观唯心主义理学派,和以陆九渊为代表的主观唯心主义心学派。理学派认为理在事中,故而其求理方式是格物致知、即物穷理;心学派认为理在心中,故而其求理方式则是切己体察、发明本心。两派的求理方式虽然不同,而其求理的目的则是一致的。在宋代理学史上,作为主流思潮的乃是程朱理学。

宋代理学思潮的兴起,并且逐渐形成一种统治思想和官方意识形态,它必然会影响到宋代史学思想,集中表现为这一时期史学出现了明显的义理化倾向。这种义理化倾向,具体体现在贯通意识、历史评判和史书笔法等诸多方面。首先,从贯通意识而言。程朱理学的求理特点是格物致知、即物求理,在理学家看来,万事万物皆有理,要求得事物之理,就必须要格尽万事万物。这样一种求理方式,也就决定了理学家具有一种通天通地、贯古贯今的求理思维特征。宋代理学的这种思维特征,对于宋代学术具有普遍的影响,促使这一时期出现了很多百科全书式的学者。具体到对于史学思想的影响，则表现为一种重视贯通的通识意识。如胡宏的《皇王大纪》、苏辙的《古史》等史著，论述的范围涉及宇宙的运动、生命的起源和社会的产生与发展，他们通过贯通天地来对这些问题作出思考；又如司马光的《资治通鉴》和《稽古录》、郑樵的《通志》等，都是在"通识"意识指导下而写成的通史名著。

其次，从历史评判而言。在理学思想的影响下，宋代史学关于历史评判，包括对历史治乱兴衰的认识和对历史阶段的划分等，都普遍重视义理的标准。在宋代史学家看来，决定历史治乱兴衰的是天理，据此他们认为历史上的夏、商、周三代是治世、盛世，汉唐则是乱世、衰世，道理很简单，因为三代是天理流行的时代，而汉唐则是人欲横流的时代。这种从天理的角度来总结历史的兴衰，显然是秉持一种道德的历史评判标准。也正是基于这样一种天理史观，宋代史家往往将宋代以前的历史简单地划分为三代以前与汉唐以后两个阶段，褒扬前者，贬低后者。司马光虽然提出"王霸无异道"思想，对三代政治作了总体肯定，却认为汉唐以下的政治是逐渐衰落的，至于五代已经到了"天下荡然莫知礼义为何物矣"[1]。从这样一种道德史观出发,司马光非常强调"君德"的重要性,并且在《资治通鉴》的开篇就提出了"礼为纪纲"的思想。朱熹也以三代、汉唐分论历史,认为三代是王道社会,统治者"致诚心以顺天理,而天下自服,王者之道也"[2]。故而成就了太平盛世;相反,汉唐统治者只靠"智谋功力",不讲义理[3],这种急功好利的霸道政治,是导致汉唐统治不能长治久安的根本原因。

再次,从史书笔法而言。伴随着宋代理学的兴起,则是宋代春秋学的兴盛;而这种春秋学的兴盛对于史学的影响,莫过于《春秋》笔法得到史家前所未有的重视,范祖禹和朱熹堪为其中的代表。范祖禹曾为司马光编纂《资治通鉴》的助手、该书《唐纪》长编的撰述者,由于在唐史观点上与司马迁有异,后来又自撰《唐鉴》一书。该书理学色彩非常浓厚,是一部义理化史著。这种义理化色彩的集中表现,便是对《春秋》

---

[1] 司马光:《司马文正公传家集》卷二十四,《上谨习疏》,商务印书馆1937年版。

[2] 朱熹:《四书或问·孟子或问》卷一,四库全书本。

[3] 黎靖德编:《朱熹语类》卷二十五,岳麓书社1997年版。

第二章　宋代社会与史学思想

笔法的运用。最典型的例子，莫过于关于武周年号的书写。司马光遵循"授受相承"的原则，采用武则天年号纪年系事；范祖禹则从天理的角度否定女主统治，借用《春秋》"公在乾侯"例，在使用中宗、睿宗年号之后，书以"帝在房州""帝在东宫"等，之所以如此，是要通过"黜武氏之号，以为母后祸乱之戒"。[1] 此外，在唐史评判、民族观念上，都重视《春秋》褒贬书法的运用。朱熹的《资治通鉴纲目》一书，将取《春秋》之义与法《春秋》用字规则有机地结合起来，使得《春秋》书法被发展到无以复加的程度，该书也因此成为宋代义理史学的典范[2]。而如此谨严的书法义例，根本旨趣还在于明示顺逆、扶植纲常。一言以蔽之，即是出于天理史观的需要。

时代思潮，特别是占据统治地位的时代主流思潮，对于时代史学思想都会产生程度不同的影响。汉代史学思想的发展，离不开汉代经学思想的影响；魏晋南北朝隋唐史学思想的发展，离不开魏晋玄学、南北朝隋唐佛道等思想的影响。宋代史学义理化倾向的出现，

[1] 范祖禹：《唐鉴》卷七，上海古籍出版社1984年版。
[2] 关于《资治通鉴纲目》书法规则，详见该书《凡例》。

这种史学思想的新特点，也同样是受时代理学影响的结果，深深地打上了时代理学思想的烙印。

第三章　玄学与魏晋南北朝史学的玄化倾向

玄学是魏晋南北朝时期的一种学术思潮，它兴盛于魏晋，持续发展于南朝。玄学的兴起，与东汉经学流于繁琐、迷信，"缺乏哲学高度的整体思考"，以至于最终衰落有着密切的关系。与经学不同，玄学的特征"是用老庄思想解释儒经，并且只把儒经作为一种凭借，重点不在疏通经义，而在发挥注释者自身的见解"[1]，因而也是一种注重义理的哲学思潮。作为一种时代哲学思潮，玄学必然会对这一时期各种学术思想的发展带来影响，史学当然也不例外。在玄学思想的影响下，魏晋南北朝史学的发展，表现出了明显的援

---

[1] 任继愈:《中国哲学发展史》(魏晋南北朝)，人民出版社1988年版，第621、628页。

玄入史的玄化倾向。以下从人物品评和历史评论两个方面，对这一时期史学的玄化倾向作出具体论述。

一、玄学化史学的人物品评

与两汉经学背景下重视砥砺品节的人物品评不同，魏晋玄学背景下士人文化的人物品评，则转向形象与智慧，追求虚静、玄超的精神境界，重视人物才性之辨。这种人物品题的变化，与当时的历史背景和玄学的兴起是息息相关的。随着汉末三国群雄并起，刑名法术得到重用，任人唯才成为时尚，重视人物才性也就成为一种必然。而玄学兴起之后，提倡道家的重精神、天才主张，追求神理、神明的精神境界，才性之辨自然成为清谈的重要品题。魏晋才性之辨的具体内涵，主要包括容貌、才能与精神三个层面。容貌是关于人物外表的描述；才能往往会根据人物的特点，冠以"天才""大才""奇才""俊才""高才"等不同称谓；而精神则是一种神味，往往以"神明开朗""神锋太俊""明慧若神"等作形容。

在魏晋玄学的影响下，这种才性之辨成为人物品评一时风尚。成书于曹魏时期的刘劭的《人物志》,堪为系统品鉴人物才性的代表性理论著作。该书《流业》篇依据人物才能分成十二类,一一叙述各类才能的特点,并举出其代表人物,此列表如下:

才能类型	才能特点	人物举例
清节家	德行高妙,容止可法	延陵、晏婴
法家	建法立制,强国富人	管仲、商鞅
术家	思通道化,策谋奇妙	范蠡、张良
国体	德厉风俗,法正天下,术谋庙胜	伊尹、吕望
器能	德率一国,法正乡邑,术权事宜	子产、西门豹
臧否	好尚讥诃,分别是非	子夏
伎俩	能受一官,错意施巧	张敞、赵广汉
智意	权智有余,公正不足	陈平、韩安国
文章	能属文著述	司马迁、班固
儒学	能传圣人之业,而不能干事施政	毛公、贯公
口辩	辩不入道,应对资给	乐毅、曹丘生
雄杰	胆力绝众,才略过人	白起、韩信

南朝玄风继续兴盛,成书于南朝,记载汉末、三国、两晋士族逸闻趣事的小说《世说新语》,则是刘义庆主持编写的这一时期品藻人物的又一部力作。该书有关于人物容止的品评,如《容止》篇记载何平叔"美

姿仪，面至白""嵇康身长八尺八寸，风姿特秀""虞子嵩长不满七尺，腰带十围，颓然自放"，如此等等。也有大量关于人物才能的品评，如该书卷上就以德行、言语、政事、文学来品评人物，对人物才能进行分类；《识鉴》篇记乔玄说曹操"君实是乱世之英雄，治世之奸臣"，裴潜答曹操问刘备之才说，"使居中国，能乱人，不能为治；若乘边守险，足为一方之主"，此等品评散见各篇者很多，不一枚举。更以品藻人物精神为其特色，如《德行》篇记郭林宗评黄叔度说："叔度汪汪如万顷之陂，澄之不清，扰之不浊，其器深广，难测量也"；《赏誉》篇记世目李元礼"谡谡如劲松下风"，公孙度目邴原"所谓云中白鹤，非燕雀之网所能罗也"，王戎目山巨源"如璞玉浑金，人皆钦其宝，莫知明其器"；《容止》篇记人见嵇康叹曰"萧萧肃肃，爽朗清举""肃肃如松下风，高而徐引"，其"为人也，岩岩若孤松之独立；其醉也，傀俄若玉山之将崩"，如此等等，皆是对人物精神境界作出的测度。

在魏晋玄风大盛的背景下，这样一种人物品评风气也波及史学，表现在这一时期的历史撰述不但重视人物品藻，而且往往以玄学的观点来品评人物。众所

第三章 玄学与魏晋南北朝史学的玄化倾向

周知,历史撰述离不开对于历史人物的评价,但是这种评价是基于历史人物与历史发展之间的关系,也就是我们通常所说的历史的评价。然而魏晋南北朝时期的历史撰述,其历史人物评价虽然也涉及历史本身,肯定历史人物与历史发展之间的关联性,却更加喜好从才性角度出发,重视对历史人物个性特征的品评。白寿彝先生将这一时期历史撰述的人物品评特点归纳为两个方面:局量才识和风度容貌。[1] 在魏晋南北朝诸多历史撰述中,陈寿的《三国志》、袁宏的《后汉纪》和范晔的《后汉书》堪为其中的代表之作。

《三国志》重视人物记述与评论,与其所记述的三国历史有着密切的关系。众所周知,三国是中国历史上风云突变、英雄辈出的时代,诚如清人李慈铭《越缦堂日记》所言,"当时人物,不减秦汉之际"。作为反映三国历史的史书,自然会重视对三国人物的记述,作出对三国人物的评论。这样的人物记述与评论,继承了反映"秦汉之际"历史的司马迁《史记》等历史撰述的传统,是要将历史人物评判与历史发展之间的关

---

[1] 白寿彝:《陈寿和袁宏》,载《中国史学史论集》,中华书局1999年版。

系紧密地结合起来。与以往的历史人物评论稍有不同的是，陈寿《三国志》的人物评论突出的是"品"字，准确地说应该叫人物品评。这种品评人物的关注点主要在于人物的局量才识和风度容貌上，这里的局量才识是指人物气质（或神态）与才能，而风度容貌则是指人物外表特征。毫无疑问，陈寿的人物品评是与魏晋玄风下，门阀世族时代的人们重视品评人物和清谈所分不开的，当然也与陈寿本人曾经担任过巴西郡中正这样一个品第人物的官职和经历有关。《三国志》品评人物的兴趣极大，涉及所记载的众多历史人物。

首先说局量才识。其一是设立人物品目。如称曹操是人杰，刘备是英雄，孙策、孙权是英杰，诸葛亮、周瑜、鲁肃是奇才，张辽、乐进、于禁、张郃、徐晃是良将，关羽、张飞、程普、黄盖是虎臣，陈震、董允、薛综是良臣，陆逊是社稷之臣，潘濬、陆凯是良牧，庞统是高俊，程昱、郭嘉、董昭是奇士，董和、刘巴是令士，和洽、常林是美士，王粲、秦宓是才士，徐邈、胡质、王昶、王基是彦士，董厥是良士，许慈、孟光、来敏、李譔、尹默是学士，吕蒙是国士，如此等等，

第三章　玄学与魏晋南北朝史学的玄化倾向

不一而足。[1]

其二是人物分类品评。其中文藻如魏文帝"天资文藻，下笔成章，博闻强识，才艺兼该"，曹植"文才富艳，足以自通后叶"，王朗"文博富赡"，王粲"善属文，举笔便成，无所改定，时人常以为宿构"；武艺如曹彰"武艺壮猛，有将领之气"，郑宝"最骁果，才力过人，一方所惮"，乐进"以骁果显名"，黄忠、赵云"强挚壮猛"，刘封"有武艺，气力过人"；谋略如郭嘉"深通有算略，达于事情"，程昱、董昭、刘晔、蒋济等人"才策谋略，世之奇士"，陆逊"既奇逊之谋略，又叹权之识才"，周鲂"谲略多奇"；忠烈如夏侯淳"以烈气闻"，司马芝"忠亮不倾"，太史慈"信义笃烈"；刚直如苏则"矫矫刚直，风烈足称"，孙礼"刚断伉厉"，辛毗、杨阜"刚亮公直，正谏匪躬，亚乎汲黯之高风焉"；清高如管宁"清高恬泊，拟迹前轨，德行卓绝，海内无偶"，陈群"动仗名义，有清流雅望"；德行如邢颙，人称"德行堂堂邢子昂"，杨俊"人伦行义"，楼玄"清白节操"；宽厚如刘备"弘毅宽厚，知

---

[1] 所列人物品目参见白寿彝《陈寿与袁宏》(载《中国史学史论集》)一文，同时对照《三国志》相关人物传记作了调整和补充。

人待士，盖有高祖之风"；政事如诸葛亮"能政理，抑亦管、萧之亚匹也"，荀攸、贾诩"庶乎算无遗策，经达权变，其良、平之亚欤"；儒学如谯周"诵读典籍，欣然独笑，以忘寝食。研精《六经》，尤善书札"，严畯、程秉、阚泽"一时儒林"；方技如"华佗之医诊，杜夔之声乐，朱建平之相术，周宣之相梦，管辂之术筮，诚皆玄妙之殊巧，非常之绝技也。"[1] 如此等等。

其三是通过人物对话与评述，点画出人物的才性。如《魏书·魏武帝纪》记述曹操年少之时，桥玄对其说："天下将乱，非命世之才不能济也，能安之者，其在君乎！"写出桥玄对曹操的安世之才有先见之明。如《蜀书·先主传》记述曹操与刘备论英雄之事："曹公从容谓先主曰：'今天下英雄，唯使君与操耳。本初之徒，不足数也。'先主方食，失匕箸。"这寥寥数语，既表现出了曹操的气势和眼光，也透过刘备的惊恐失态之举，反映出这位"潜龙"的志向。如《蜀书·关张马赵黄传》记述道："羽闻马超来降，旧非故人，羽书与诸葛亮，问超人才可谁比类。亮知羽护前，乃答之曰：

---

[1]《三国志》卷二十九，《魏书·方技传》，中华书局1959年版。

第三章 玄学与魏晋南北朝史学的玄化倾向

'孟起（马超字）兼资文武，雄烈过人，一世之杰，黥、彭之徒，当与益德（张飞字）并驱争先，犹未及髯之绝伦逸群也。'羽美须髯，故亮谓之髯。羽省书大悦，以示宾客。"这段话既刻画出了关羽争强好胜的性格特点，也充分反映出诸葛亮的机智与风度。如《吴书·吴主传》记述刘琬语人说孙权道："吾观孙氏兄弟虽各才秀明达，然皆禄祚不终，惟中弟孝廉，形貌奇伟，骨体不恒，有大贵之表，年又最寿，尔试职之。"这里既有关于孙权的容貌描写，也有对其才性的肯定。陈寿本人也对其评曰："孙权屈身忍辱，任才尚计，有勾践之奇英，人之杰矣。"可以说通过人物对话与评述来点化人物才性，是《三国志》惯用的手法。

同时，《三国志》还非常重视从风度容貌去品评人物。如说袁绍"姿貌威容"，刘表"长八尺余，姿貌甚伟"，臧洪"体貌魁梧，有异于人"，公孙瓒"有姿仪，大音声"，崔琰"声姿高畅，眉目疏朗，须长四尺，甚有威重"，管宁"长八尺，美须眉"，何夔"长八尺三寸，容貌矜严"，程昱"长八尺三寸，美须髯"，刘备"身长七尺五寸，垂手下膝，顾自见其耳"，诸葛亮"英霸之器，身长八尺，容貌甚伟，时人异焉"，关羽"髯之绝伦逸群",彭羕"身长八尺,容貌甚伟",孙策"美姿颜",孙权"形貌奇伟,骨体不恒",张昭"容貌矜严,有威风",周瑜"有姿貌",程普"有容貌计略",董袭"长八尺,武力过人",如此等等。[1]

《三国志》以简洁著称,然而其品评人物可谓是"不厌其烦",之所以如此,主要是魏晋世族风尚的一种体现,却也内蕴了重视人事的思想。这些"历史人物评价,多数是没有神意的说教。陈寿的品评,带有魏晋清谈的风格,这种突出人物个性的评价,重视人物的才能、品德、风貌,强调了人事在历史的兴衰中的作用,这在史学思想上是进步的表现"[2]。

袁宏既是史家,也是玄学中人,故而《后汉纪》的人物品评也非常突出。我们可以从人物连类记述和才情风貌描写两方面,窥见《后汉纪》重视人物品评之一斑。

人物连类记述是《后汉纪》的重要特点。《后汉纪》记述人物不但重视分类,全书涉及的人物类别有帝王、后妃、宗室、外戚、名臣、循吏、儒林、文苑、党锢、

---

[1] 关于人物容貌品评参见白寿彝《陈寿与袁宏》(载《中国史学史论集》)一文,同时对照《三国志》相关人物传记作了调整和补充。
[2] 吴怀祺:《中国史学思想史》,安徽人民出版社1996年版,第140页。

第三章 玄学与魏晋南北朝史学的玄化倾向

宦者、方士等,几乎囊括了以人物为中心的纪传体的各类人物,而且善于运用连类的方法来记述人物,并且形成《后汉纪》人物记述的重要特点。《后汉纪序》明确提出该书的人物撰集方法是"言行趣舍,各以类书"。所谓"类书",即是要将时代相近的同类历史人物连续书写出来。如卷五连续书写了闵仲叔、王丹、严光、周党、王霸、逢萌等一批人物,他们都有一个共同点,那就是隐居避世,或者长期隐居,或者终身隐居。其中闵仲叔屡征不至,"终于家";王丹曾在王莽时"连征不至","避世陇西,隐居养志";严光与光武帝同学,因不愿意被征而"变名姓",后不得已应征,终不为三公封赐所诱惑"称病而退";周党"三征然后至",却矢志隐居,光武帝只好下诏说"不食朕禄,亦各有志";王霸被征后"拜不称臣","遂以疾归,茅屋蓬户,不厌其乐";逢萌先是隐居琅玡不其山中,东汉初年"连征不起"。如卷六连续记述了鲍永、宣秉、王良的事迹,借张湛之口赞扬鲍永"仁不遗旧,忠不忘君,行之高者也";宣秉为官"俸禄皆以分九族,家无担石之储";王良虽官至司徒司直,却"居贫守约,妻子不之官",皆为一时之清廉、仁义良吏。如卷十一记述汉章帝对司空长史江革"常礼之",江革早年以孝行闻名,乡里称他叫"江巨孝"。在江革事迹之后,该卷连续记述了毛义和薛苞两位以孝著称的历史人物。毛义当年"以孝行称",为了赡养老母而接受府衙的守令一职,当老母死后便"弃官行服,进退必以礼,贤良公车征,皆不至","天子闻而嘉之";薛苞丧母,"行六年服,丧过其哀"。分家产的时候,他"奴婢引其老者""田庐取其荒者""器取朽者"。如卷十九集中记述了任峻、苏章、陈琦、吴佑、第五访等二千石官员,他们的为官风格虽不尽相同,却都在治内得到民心,享有威信。如卷二十二记述了党锢人士陈蕃推荐徐稚、姜肱、袁闳、韦著、李昙"五处士",并对他们的才性作了描述:徐稚"恭俭义让,非礼不言,所居服其德化",姜肱"隐居静处,非义不行,敬奉旧老,训导后进",袁闳"玄静履真,不慕荣宦,身安茅茨,妻子御糟糠",韦著"隐居讲授,不修世务",李昙"乡里有父母者,宗其孝行以为法度"。如卷二十五记述了韩融、李楷、郑玄、申屠蟠等人物类传,这些人物的共同点,其一是名噪一时的大学者,其二都重隐居守节,韩融、李楷还以至孝重亲闻名。

重视人物才情风貌描写,是《后汉纪》又一特点。

第三章　玄学与魏晋南北朝史学的玄化倾向

如卷一说光武帝刘秀"为人隆准，日角大口，美须眉，长七尺三寸，乐施爱人，勤于稼穑"，刘縯"慷慨有大节"，邓晨"好节义"，李通的父亲李守"身长八尺，容貌绝异"，铫期"身长八尺二寸，容貌壮异""气勇有志义"，王霸"慷慨有大志"，邓禹"以德行称"；卷三说鲍永"好文德，虽为将帅，常儒服从事"，卓茂"温而宽雅，恭而有礼"；卷四说马援"少有大志，诸兄奇之"；卷五说王丹"好施周急""高抗不屈"，周党"举动必以礼"；卷七说张湛"举动必以礼，虽幽室闲处，不易其度，闺门之内，若严君焉"，郅恽"志气高抗，不慕当世"；卷十说祭彤"气勇过人""多恩信，善权略"，班超"俶傥不修小节，而内行甚谨"；卷十一说韦彪"清俭好施，禄赐分与宗族，家无余财"；卷十二说贾逵"身长八尺二寸""沈深有用，其所学者可为人师""才学皆通其所著论为学者所宗。性伉不修小节"，邓彪"以礼让帅下""明帝高其节"，朱晖"少以节操闻"；卷十四说梁竦"轻财好施，不治产业""雅有大志"，邓皇后"长七尺二寸"、早年"通《论语》，志在经书，不问家事"，阴皇后"短小，举止时失仪"，王涣"游侠尚气，晚节好儒术"；卷十九说马融"美才貌，解音声，学不师受，皆为之训诂""虽好儒术，而服饰甚丽，坐绛纱帐，侍婢数十，声妓不乏于前，弟子以次相授，鲜有观其面者"；卷二十三说黄宪"识度渊深，时人莫得而测"，郭泰评其曰"叔度汪汪如万顷之波，澄之而不清，扰之而不浊，其器深广，难测量也"，又评黄元艾"高才绝人，足为伟器"；卷二十五说卢植"所学不守章句，皆精研其旨。身长八尺二寸，刚毅多大节，常慨然有济世之志"；卷二十六说荀爽"最有儒雅"；卷二十七说陈卓"少好任侠"，王允"容仪雅重，非礼不动"，许劭"善于人论臧否之谈，所题目皆如所言"；卷二十九说郑玄"身长八尺，秀眉朗目，造次颠沛，非礼不动"；卷三十说孔融"幼有异才"，杨彪"以孝义称"，如此等等。

范晔的《后汉书》，其人物记述以类相从的特色也很突出。

首先，《后汉书》重视设立类传。《后汉书》的类传总共有 10 个，而其中的《党锢》《宦者》《文苑》《独行》《方术》《逸民》和《列女》共 7 个类传，都是范晔独创的。范晔的创新，绝非是为了标新立异，一是为了反映东汉特定社会历史的需要，二是记述各色历史

第三章　玄学与魏晋南北朝史学的玄化倾向

人物的需要。如《党锢列传》的设立，是因为东汉末年发生了党锢之祸，这一事件对东汉后期的政治产生了重大影响，党锢人士在东汉后期的政治舞台上扮演了重要角色；《宦者列传》的设立，是与东汉出现严重的宦官专权的政治局面所分不开的，列传集中记述了东汉宦官群体情况、形成专权的原因以及专权的后果；《文苑列传》的设立，不但反映了东汉一代"文富篇盛"的事实，而且打破了中国古代重"德"轻"文"的历史传统（孔子说"行有余力，则以学文"），使得文学人士在正史中有了自己专门的传记，从而第一次得以与《儒林列传》并列；《独行列传》的设立，是为了记述那些通过"特立卓行"而步入仕途的人，它从一个侧面反映了东汉豪强政治时代那些没有政治势力的知识分子步入仕途的艰难；《方术列传》记载医巫卜筮和神仙怪异之士，虽然医、巫混杂是其缺陷，但是神仙怪异的记载毕竟在一定程度上反映了东汉谶纬迷信神学盛行的客观情况；《逸民列传》记载隐居山林而不愿做官的人，由于东汉统治者重视通过"举逸民"而使"天下归心"，从而助长了这种风尚；《列女列传》反映了东汉时代妇女们的事迹，这是范晔的一大创举，他为封建时代的妇女在正史中争得了一席之地。通过类传的设立，我们可以清晰地看到这一时期的各类历史人物。

其次，《后汉书》重视同类人物合传。《后汉书》的历史人物记述，同卷人物往往不分时代先后，而是按类编写。分类的办法则是：有的以"治行卓著"，有的以"深于经学"，有的以"著书恬于荣利"，有的以"和光取容，人品相似"，有的以"立功绝域"，有的以"仗节能直谏"，有的以"明于天文"，等等。如王充、王符和仲长统三人，《后汉书》以他们都是东汉朴素的唯物主义思想家而给予合传；郭泰、符融和许劭三人，《后汉书》则以他们清高有人伦而知名当时予以合传；刘平、赵孝、淳于恭、江革、刘般、周磐和赵咨等数人，《后汉书》则以他们皆有孝行而给予合传，如此等等。这样的历史人物分类记述，显然是受到了玄学品评人物的影响，在分类记述的同时，其实已经蕴含了对于历史人物的品评于其中了。

二、玄学化史学的历史评论

魏晋南北朝玄学的清谈，当然不限于人物，因而也不仅表现为史学的历史人物品评。"当时名士欢聚一起,清谈品题有名理,有历史,有人物。"[1]其中的玄学清谈、名理之风影响到这一时期的史学,则表现为重视历史评论,并且这种历史评论明显地打上了玄学的思想烙印。

在魏晋史家当中,袁宏《后汉纪》的历史评论最具代表性。《后汉纪》一书的"袁宏曰"多达48条,评论的字数少则几十百余字,多则千余字,涉及的内容从政治制度到思想文化再到人物才性,无所不有。《后汉纪》的历史评论具有明显的玄化倾向,袁宏重视探讨名教与自然的关系,肯定古圣王"君臣穆然"的无为政治,主张为政贵在安静,提出处世智在"顺势有为",如此等等,旨在援玄入史,具有浓厚的玄学味道。

南北朝时期,如前所述,北朝经学受汉末郑玄之学影响较大,重视章句训诂,而不尚玄谈;而南朝经学不拘守一家,善谈玄理,结果形成"南人约简,得其英华;北学深芜,穷其枝叶"[2]这样一种不同学风。这种南北经学的不同特点,明显反映到了这一时期南

---

[1] 孔繁:《魏晋玄谈》,辽宁教育出版社1991年版,第138页。
[2] 《北史》卷八十一,《儒林列传》,中华书局1974年版。

北史学撰述中。我们以南朝范晔《后汉书》、沈约《宋书》和北朝魏收《魏书》作比，便能清晰地看到这一时期南北史学的不同特点。

《后汉书》和《宋书》，不仅普遍重视历史评论，而且所作的序、论、赞确实体现了南方玄学化史学的"清通简要""得其英华"的特点，反映了史家的一种历史洞察力。周一良认为，"范晔的史识，正是南方学术倾向的特征在史学方面的体现"。而"沈约《宋书》的序或论，不如范晔之精辟，但也时时可以看出南朝史学如牖中窥日，对历史发展的洞察能力"。"范沈之书的序和论确实体现出'清通简要，得其英华'的精神。"[1] 范晔对其"善序论"也是颇为自负的，他在《狱中与诸甥侄书》中说："吾杂传论皆有精意深旨，既有裁味，故得其词句。至于《循吏》以下及六夷诸序论，笔势纵放，实天下之奇作。其中合者，往往不减《过秦篇》。尝共比方班氏所作，非但不愧之而已。……自古体大而思精，未有此也。"反观以魏收所撰《魏书》为代表的北朝史学，给人"相比之下的突出感受，是

---

[1] 周一良：《略论南朝北朝史学之异同》，载《魏晋南北朝论集》，北京大学出版社1997年版。

就事论事为主，拘泥于一人一事论其功过"。表现出明显的记事分散、繁琐，历史评论只是就事论事，缺乏全局观、发展观、联系性和思辨性，"看不到敏锐深刻的高见卓识，给人以识暗之感"[1]，反映了北学"渊综广博""穷其枝叶"的特点。

纵观魏晋南北朝玄学化史学的历史评论玄化倾向，具体表现在以下三个方面。

第一，重视对历史发展之势的总结。魏晋南北朝史著的历史评论，都有一个共同的特点，那就是重视对历史发展之势的总结，从中找寻出历史发展的治乱兴衰特点。

袁宏《后汉纪》的历史评论，大气磅礴，纵论古今，重视对于历史发展总像的评述。如卷三评论立君之道，袁宏的基本观点是："立君之道，有仁有义""立君之道，唯德与义"。他依据上古以来的历史，对立君之道作了详细的评述，认为"上古之世，民心纯朴，唯贤是授，揖让而治，此盖本乎天理，君以德建者也。……中古之世，继体相承，服膺名教，而仁心不二，此又因于

---

[1] 周一良：《略论南朝北朝史学之异同》，载《魏晋南北朝论集》，北京大学出版社1997年版。

物性，君以义立者也"。在此，袁宏看到了上古之世与中古之世社会的差异，肯定上古是个古朴的社会，君主以德而立，以贤治国；而中古之世，随着尊亲名教的出现，君主以义而立，靠名教治国。接着袁宏结合周秦以来的历史发展，评述了德道与义道的循环出现及其社会政治背景。袁宏认为"高祖之有天下，以德而建矣"。道理很简单，因为周秦末世社会变乱，"义心绝于姬氏，干戈加于嬴族"，只有有德者，才能成拨乱之功。而王莽篡汉，导致新的天下大乱，人们思念刘氏之德，"于是斯也，君以义立"，所以更始以来的反王莽斗争，都是"乘义而动"。卷六评论为政之道，袁宏也是结合对古往今来历史的考察，认为不出德与法二途，而且德与法不是对立的，而是统一的。袁宏说：古代"圣人顺人心以济乱，因去乱以立法。故济乱所以为安，而兆众仰其德；立法所以成治，而民氓悦其理"。然而中古以来，"政繁民弊，牧之者忘简易之可以致治，御之者忽逆顺之所以为理"，结果导致"变诈攻夺"不断，法律不能禁止。由此袁宏得出结论："论治法之大体，必以圣人为准格；圣人之所务，必以大道通其法。"卷十三论礼，袁宏对礼的产生与发展变化过程作了系统考察,不但揭示了礼的本质,也肯定了礼的因革损益特性。袁宏认为,礼的本质是"在于爱敬,自然发于心诚而扬于事业者"。圣人制礼,只是"因其自然而辅其性情,为之节文,而宣以礼物,于是有尊卑亲疏之序焉"。随着历史的发展,礼也会因革损益,如"古者民人淳朴,制礼至简",而"中古损益,教行文质"。由此袁宏总结说:"王者之兴,必先制礼,损益随时,然后风教从焉。"卷二十二论风俗,袁宏认为风俗是随着时代的变化而变化的,春秋时期,"礼乐征伐,霸者迭兴,以义相持,故道德仁义之风往往不绝";到了战国纵横时代,"强弱相陵,臣主侧席,忧在危亡,无不旷日持久以延名业之士,而折节吐诚以招救溺之宾……而游说之风盛矣";刘汉崛起之时,"草创大伦,解赭衣而为将相,舍介胄而居庙堂,皆风云豪杰……而任侠之风盛矣";元、成、明、章时期,"尊师稽古,宾礼儒术,故人重其学……而守文之风盛矣";到了东汉中后期,"主失其权,阉竖当朝,佞邪在位,忠义之士发愤忘难,以明邪正之道,而肆直之风盛矣"。很显然,时代风俗的变化,与时代政治息息相关。纵观《后汉纪》一书,其历史评论大多诸如此类。

范晔《后汉书》共有9篇帝纪，历述了从光武帝到汉献帝前后二百余年的朝政大事。这9篇帝纪都有论赞，分开来看，是对东汉各朝政治得失的评述；合起来看，则是一篇完整的东汉兴亡论。如汉光武帝是刘家皇朝中兴之主，篇后论赞揭示了刘氏中兴的原因："灵庆既启，人谋咸赞"；明、章二帝作为守成之君，一个明于法制，一个敦厚宽政，因而出现了"气调时豫，宪平人富"的太平局面；和帝时期是东汉政治转折期，外戚、宦官专权自此始，故而论赞以"颇有弛张"点题；安、顺二朝，外戚、宦官专权愈演愈烈，东汉皇朝衰局已定，所以论赞称其为"彼日而微，遂侵天路"；桓、灵时期，宦官专权，党锢祸起，东汉皇朝已经分崩离析，所以论赞说其"征亡备兆"；至汉献帝时，东汉皇朝终于寿终正寝，所以论赞叹其"身播国屯"。

《后汉书》还重视通过对具体史实的历史评论，来探寻具体政治得失以及政治与社会风气等等问题。如关于宦官专权问题，《宦者列传序》追述了东汉以前宦官的由来及其对于政治的危害情况，详细叙述了东汉时期宦官势力的发展及其对东汉政治的严重危害，由此卷尾论道：宦官专权"其所渐有由矣"，"亦岂一朝

第三章 玄学与魏晋南北朝史学的玄化倾向

一夕哉!"认为统治者要避免宦官专权局面的出现,就必须要防微杜渐,防患于未然。又如关于士风与政治的关系,《党锢列传序》通过对历代士风演变及其与政治的关系的论述,肯定了古代士风纯朴是圣人"陶物振俗"的结果,而春秋战国的霸政促使了士人以卖弄机智、策划计谋为时尚,汉朝经学的兴起则出现了士人间的党同伐异之风,而汉末昏暗政治则激起了士人的清议之风。毫无疑问,政治导致士风的演变,而士风反过来又对政治产生重要影响。再如关于隐士与社会政治的关系,《逸民传序》首先分析了人们归隐山林的各种不同原因,"或隐居以求其志,或回避以全其道,或静己以镇其躁,或去危以图其安,或垢俗以动其概,或疵物以激其清"。接着揭示了东汉隐士风气浓厚的正反两方面原因,认为王莽篡汉,导致了大量士人归隐山林,而东汉自光武帝以来效仿古圣王"不屈"隐士的做法,寄希望于"举逸民而天下归心",则助长了这样一种社会风气。如此等等。《后汉书》的各类具体历史评论,普遍重视从社会大背景去进行分析,注意探寻事物发展的前因后果,分析深入,脉络清晰。

第二,强调顺天达命与维护名教。魏晋南北朝世族政治的最大特点,是世族地主世代把持国家政权,享受各种社会特权,他们的政治地位不以政权的更替而改变。玄学则是一种服务于世族政治的学说思想,它要为这种政治的合理性进行解说和辩护。受世族政治与玄学思想影响的魏晋南北朝史学,自然也肩负起了这样一种使命,其具体表现则是自觉宣扬顺天达命与维护名教的思想。道理很简单,"顺天达命,袍笏登场,自有世族的好处;忠贞节义,死而无悔,对于维护封建伦理大有用处,对于世族保有既得的利益也同样大有好处,就仍然值得拥护了"[1]。

陈寿《三国志》被《晋书》本传称赞为"辞多劝诫,明乎得失,有益风化",这里所谓"风化",自然是"有益"于世族的风化。《三国志》通过历史记述与历史评论,所要有益风化的,首先就是肯定朝代更替的合理性。在陈寿看来,王朝的更替,既有人为的因素,更是天命使然。如在评述曹魏代汉时,《三国志》一方面肯定曹操"运筹演谋,鞭挞宇内,揽申、商之法术,该韩、白之奇策,官方授材,各因其器,矫情任算,不念旧恶,

---

[1] 白寿彝:《陈寿与袁宏》,载《中国史学史论集》,北中华书局1999年版。

终能总御皇机,克成洪业者,惟其明略最优也"[1]。另一方面又认为曹魏代汉是天意使然。在《武帝纪》记述曹操败袁绍时,陈寿以50年前"黄星见于楚、宋之分"作预兆;《文帝纪》记述曹丕称帝之年,以前后45年两次出现"黄龙见谯"来表明天意所归。既然王朝更替是天意,人们只能顺应天命。故而他对及时归顺新朝的人给予赞许,如《谯周传》称赞谯周倡议投降说:"刘氏无虞,一邦蒙赖,周之谋也。"《王朗传》称赞钟繇、华歆、王朗三人"诚皆一时之俊伟也。魏氏初祚,肇登三司,盛矣夫!"

其次是维护纲常名教。陈寿历经汉魏与魏晋先后禅代的历史,作为晋朝史臣,出于维护封建政治伦理的需要,《三国志》因诸多不得已的苦衷而不得不在记述中为统治者有所隐讳、袒护,但对具体历史人物的忠贞节义却很重视宣扬,如在《吕布臧洪传》里,他称赞"陈登、臧洪并有雄气壮节,登降年夙陨,功业未遂,洪以兵弱敌强,烈志不立,惜哉!"《袁张凉国田王邴管传》称赞"田畴抗节,王修忠贞",如此等

---

[1]《三国志》卷一,《魏书·武帝纪》,中华书局1959年版。

等，不一而足。

袁宏《后汉纪》以"通古今而笃名教"为撰述旨趣，故而"笃名教"是其历史撰述与历史评论的主要目的。作为玄学中人，袁宏史学的"笃名教"，自然也具有鲜明的玄学特色。首先，袁宏对《左传》以来的历代历史撰述从名教角度作出了评判。袁宏说："丘明之作，广大悉备。史迁剖判六家，建立十书，非徒记事而已。信足扶明义教，网罗治体，然未尽之。班固源流周赡，近乎通人之作；然因籍史迁无所甄明。荀悦才智经纶，足为嘉史，所述当世，大得治功已矣；然名教之本，帝王高义，韫而未叙。"[1] 在此，袁宏对《左传》《史记》《汉书》和《汉纪》一一进行点评，指出其中的优点和不足，尤其推崇荀悦的《汉纪》。但是，如果从"笃名教"角度而言，袁宏对这些史著都不太满意，而这，也正是袁宏为什么要撰写《后汉纪》的原因所在："今因前代遗事，略举义教所归，庶以弘敷王道。"[2]

其次，袁宏从探讨名教与自然的关系入手，揭示了名教的本质。袁宏说：

---

[1] 袁宏：《后汉纪·自序》，载《两汉纪》下，中华书局2002年版。
[2] 袁宏：《后汉纪·自序》，载《两汉纪》下，中华书局2002年版。

第三章　玄学与魏晋南北朝史学的玄化倾向

> 夫君臣父子，名教之本也。然则名教之作，何为者也？盖准天地之性，求之自然之理，拟议以制其名，因循以弘其教，辩物成器，以通天下之务者也。是以高下莫尚于天地，故贵贱拟斯以辩物；尊卑莫大于父子，故君臣象兹以成器。天地无穷之道，父子不易之体。夫以无穷之天地，不易之父子，故尊卑永固而不逾，名教大定而不乱，置之六合，充塞宇宙，自今及古，其名不去者也。未有违夫天地之性而可以序定人伦，失乎自然之理而可以彰明治体者也。[1]

这段话有两层含义，一是肯定名教之本是讲君臣父子关系；二是强调君臣父子的高下、尊卑关系是"天地之性"和"自然之理"，因而是永恒不变的。袁宏以"天地之性"和"自然之理"来论说名教，强调名教的自然本性，这显然是以道家自然无为的观念来解说传统儒家的名教观，明显打上了玄学家的痕迹。

---

[1] 袁宏：《后汉纪》卷二十六，《献帝纪》，载《两汉纪》下，中华书局2002年版。

最后,袁宏强调"大建名教"的必要性。袁宏说:"大建名教以统群生,本诸天人而深其关键,以德相传,则禅让之道也。暴极则变,变则革代之义也。废兴取与,各有其会,因时观民,理尽而动,然后可以经纶丕业,弘贯千载。"[1] 在此,袁宏强调了"大建名教"与"观民"的重要性。在袁宏看来,名教是用来"统群生"的,是维系社会与政治的一种礼制,因而也是直接关系到历史治乱兴衰的,必须"大建";而"观民"是观察民众对所建名教的反映,而名教的本质是"德",统治者推行德政,就必然会得到民众的拥护,而滥施刑法,政权就必然会被"革代"。从这样一种名教观出发,袁宏进一步强调了推行德政和重视民众的重要性,所以他接着说:"是以有德之兴,靡不由之,百姓与能,人鬼同谋,属于苍生之类,未有不蒙其泽者也。……及其亡也,刑罚淫滥,民不堪命,匹夫匹妇莫不憔悴于虐政,忠义之徒,无由自效其诚,故天下嚣然新主之望。"[2]

---

[1] 袁宏:《后汉纪》卷三十,《献帝纪》,载《两汉纪》下,中华书局2002年版。

[2] 袁宏:《后汉纪》卷三十,《献帝纪》,载《两汉纪》下,中华书局2002年版。

第三章 玄学与魏晋南北朝史学的玄化倾向

由此来看,名教、德政对于国家的存亡是何其重要!

范晔《后汉书》否定各种方术与怪异,公开反佛,倡言死者神灭,宣扬了无神论思想。同时,范晔又是一个天命论者,《后汉书》也讲顺天达命。如《光武帝纪》在论述光武中兴问题时,范晔一方面肯定了刘秀的人为作用,如他审时度势,与兄定谋起兵;昆阳大战,勇武建立奇功;兄长被杀,韬光养晦全身;经营河北,废除王莽苛政,收降铜马(西汉末年农民起义军一支)余众;平定天下,及时与民休息,如此等等,很显然,光武中兴局面的出现,与光武帝的个人作用是分不开的。另一方面,范晔又将刘汉再兴归于天命。如《光武帝纪》在叙述刘秀定谋起兵前,特意记载了宛人李通等人"以图谶说光武"一事,其谶语是这样写的:"刘氏复起,李氏为辅。"刘秀即是根据这个谶语而与李通等人起事于宛的。刘秀登基前,他当年在长安太学的同学强华从关中捧来一个匣子,里面装着《赤伏符》,上面写道:"刘秀发兵捕不道,四夷云集龙斗野,四七之际火为主。"这是一个预示着刘汉火德再兴的谶语,刘秀有了这个神符,也就有恃无恐地当上了皇帝。更有甚者,在这篇本纪的末尾论赞中,范晔还大谈刘秀出生时及起兵后的各种怪异现象，如出生时赤光照室，这一年县界有嘉禾生，起兵后春陵城上有王气笼罩，道士西门君惠、李守等人说刘秀当为天子，如此等等，于是范晔说道："王者受命，信有符乎？不然，何以能乘时龙而御天哉！"毫无疑问，范晔是相信王命天授的，是一个天命论者。

第三，主张为政贵在安静。玄学政治观的特点，是具有老庄无为而治思想。表现在具体治政主张上，则是强调为政贵在安静。

袁宏《后汉纪》的历史评论，首先明确提出了为政"贵在安静"的主张。袁宏说："古之有天下者，非欲制御之也，贵在安静也。故修己无求于物，治内不务于外。"[1] 这是袁宏玄化政治主张的典型表述。在他看来，政治只求静，不务动；只求修己，不求于物；只求治内，不务治外。一言以蔽之，就是要清静无为。从这一指导思想出发，袁宏将历史截然分成三代与五霸秦汉两段，肯定三代圣王无为政治，反对五霸秦汉有为政治。袁宏说：

---

[1] 袁宏:《后汉纪》卷十四，《和帝纪》，载《两汉纪》下，中华书局2002年版。

第三章　玄学与魏晋南北朝史学的玄化倾向

> 自三代已前,君臣穆然,唱和无间,故可以观矣。五霸、秦、汉其道参差,君臣之际,使人瞿然,有志之士,所以苦心斟酌,量时君之所能,迎其悦情,不干其心者,将以集事成功,大庇生民也。虽可以济一时之务,去夫高尚之道,岂不远哉![1]

在袁宏看来,三代以前与五霸秦汉时期的根本区别,是三代以前的君臣"穆然",而五霸秦汉时期的君臣则"瞿然"。换言之,前者是一种无为之道,而后者则是一种有为之道。因此,尽管五霸秦汉时期的君臣通过积极有为,也能成一时之功,却与高尚的无为之道相去甚远。由此来看,同样是法先王、崇三代,袁宏与先儒却有着很大的区别,他是从玄学的立场去评判和肯定三代以前的政治的。

从这样一种无为政治观念出发,袁宏对历史上各朝的安边政策与政治安定之间的关系作了系统论述。

---

[1] 袁宏:《后汉纪》卷四,《光武帝纪》,载《两汉纪》下,中华书局2002年版。

认为唐尧、虞舜、三代圣王统治时期,他们对周边的少数民族采取"羁縻而弗有"的政策,让他们"习其故俗",其结果是圣王们"君臣泰然,不以区宇为狭也",而"天下乂安,享国长久"。而秦、汉时期,君王们忙于开疆拓土,这一时期的疆域数倍于圣王时期,然而还不满足,还要"西通诸国,东略海外",其结果则是"地广而威刑不制,境远而风化不同,祸乱荐臻,岂不斯失!"[1] 袁宏上述关于历代君王治边的议论,在颂扬三代以前古圣王的同时,对秦汉以来作了全盘否定,他不但反对秦汉的拓边政策,甚至反对"西通诸国"的做法,这就等于将这一时期正当的反击匈奴的战争和正常的与域外的交往都一概否定了。如对东汉时期出使西域的著名外交家班超,袁宏就说:"班超之功非不可奇也,未有以益中国,正足以复四夷,故王道所不取也。"[2] 不过我们也应该看到,秦汉时期也有不少无谓的战争,是统治者们为了好大喜功、为了能后世

---

[1] 袁宏:《后汉纪》卷十四,《和帝纪》,载《两汉纪》下,中华书局2002年版。
[2] 袁宏:《后汉纪》卷十四,《和帝纪》,载《两汉纪》下,中华书局2002年版。

留名而发动的,这种战争劳民伤财,给广大人民带来了沉重的灾难。所以袁宏说:"当世之主,好为身后之名,有为之人,非能守其贫贱,故城外之事兴,徼幸之人至矣。"[1]袁宏的这种说法是符合实际的。当然,袁宏在安边政策上推崇三代、反对秦汉,从根本上说,还是其清静无为玄学思想的集中体现。

袁宏还进一步从安静无为的思想出发,对统治者因其"多欲"而导致"民疲"提出批评。他说:"然富有天下者,其欲弥广,虽方丈黼黻,犹曰不足;必求河海之珍,以充耳目之玩,则神劳于上,民疲于下矣。"[2]认为他们的多欲,结果只能是既让自己劳神,又使百姓疲惫。袁宏还特别对秦汉以来末世君主生活奢侈、大兴土木提出批评,他说:"末世之主,行其淫志,耻基堂之不广,必壮大以开宫;恨衣裳之不丽,必美盛以修服;崇屋而不厌其高,玄黄而未尽其饰。于是民力殚尽,而天下咸怨,所以弊也。故有道之主,睹先

---

[1] 袁宏:《后汉纪》卷十四,《和帝纪》,载《两汉纪》下,中华书局2002年版。
[2] 袁宏:《后汉纪》卷十八,《顺帝纪》,载《两汉纪》下,中华书局2002年版。

王之规矩,察秦汉之失制,作营建务求厥中,则人心悦固,而国祚长世也。"[1] 在袁宏看来,统治者要想取悦于民众,使国家长治久安,就必须要尊崇先王旧制,除去多欲之私。很显然,袁宏的人欲论,其中也蕴含了道家的清静无为思想,因而是玄学思想的体现。

范晔《后汉书》的历史评论,也突出了一个"静"字。如关于光武帝开国政策的评论,《光武帝纪》后有这样一段议论:"帝在兵间久,厌武事,且知天下疲耗,思乐息肩。自陇、蜀平后,非儆急,未尝复言军旅。……退功臣而进文吏,戢弓矢而散马牛,虽道未方古,斯亦止戈之武焉。"这段话前面一层含义是说光武帝在一统天下后,深知长期战争已经导致天下民力疲惫,因此不愿再兴武事,而要偃武修文。后一层含义是说天下平定后用人政策的变化,具体做法是对一同打天下的功臣贵而不用,而将一切吏事归于三公,这便是"退功臣而进文吏"。《后汉书》对光武帝在平定天下后,及时推行轻徭薄赋的与民休息政策,是持肯定态度的;至于光武帝"退功臣而进文吏"的做法,

---

[1] 袁宏:《后汉纪》卷九,《明帝纪》,载《两汉纪》下,中华书局2002年版。

第三章 玄学与魏晋南北朝史学的玄化倾向

范晔也是心领其意、予以肯定的。在《马武传》后论中,范晔以萧何、樊哙与韩信、彭越的故事叙述了功臣之间"势疑则隙生,力侔则乱起"的道理,认为光武帝正是由于吸取了历史的经验教训,才"高秩厚礼,允答元功,峻文深宪,责成吏职"的。这样做,既保全了功臣,又维护了皇权;既进用了人才,又有利于治国安民。毫无疑问,在范晔看来,光武帝的做法不啻为明智之举。

在对东汉一些具体政治的评述上,《后汉书》也处处体现了为政"贵在安静"的思想。如关于东汉的安边政策,《后汉书》对此提出了批评。东汉时期,羌人曾先后三次掀起大规模的反抗斗争,虽然最终东汉政府镇压了羌人的反抗,可也因此而大大损耗了国力,正如范晔所说的:"寇敌略定矣,而汉祚亦衰焉。"[1]之所以造成这种局面,范晔认为要归因于羌人内迁。在《西羌传论》中范晔指出,东汉政府允许羌人内迁已经是失策了,而对内迁的羌民没有加以安抚则是错上加错。《后汉书》认为,东汉政府对于南、北匈奴的政策

---

[1] 《后汉书》卷八十七,《西羌传》,中华书局1965年版。

也有重大失误。东汉初年,匈奴分裂为南、北两部,南匈奴归顺东汉,光武帝让他们迁居西河,以便协助东汉对北匈奴的防御。汉和帝时窦宪彻底打败北匈奴后,东汉政府应该将南匈奴迁往北庭,而退河西为内地,可是东汉政府依然让北匈奴居于旧庭,从而导致了后来匈奴势力的蔓延。《南匈奴列传》论及此事,愤恨之情跃然纸上。

综上所述,魏晋南北朝史学重视人物品评与历史评论,其人物品评重视人物才性与风度容貌,彰显出人物的个性特征和生命价值;其历史评论重视援玄入史,具有出"清通简要"、"得其英华"的特点。这种重视人物品评与历史评论风气,充分体现了这一时期史学的玄化倾向。

第四章 唐代的疑古惑经思潮

唐代前期经义疏解的统一和解经方式的僵化，使得经学的发展受到禁锢、失去活力，在这样一种背景下，出现了一股疑古惑经的思潮，人们对传统经说大胆怀疑，进行纠缪，提出新解，由此开出了唐代经学发展的新风。唐代的疑古惑经思潮持续的时间很长，基本上与唐代历史相始终。在疑古惑经思潮发展过程中，人们疑古惑经的视角与立场不尽相同，有从史学视角进行疑古惑经，更多的则是从经学角度进行疑古惑经。疑古惑经思潮以及过程中的经史辨析，对于唐代经史之学的发展都产生了重要影响。以往学者的研究，主要是针对个案作出的[1]，缺乏对于唐代疑古惑经思潮的整体把握。以下试对唐代疑古惑经思潮兴起的背景、演变过程、主要学派观点及其特点作出系统论述。[2]

一、疑古惑经思潮的兴起与演变过程

唐代疑古惑经思潮兴起的背景是初唐的经学总结。随着隋唐大一统政权的建立，隋与唐初的经学也开始由南北朝时期的分立局面逐渐走向统一。这一经学统一过程开始于隋朝，完成于唐初。隋朝经学的代表性人物是人称"二刘"的刘焯和刘炫，刘焯著有《五经述义》，该书虽已散佚，但其弟子孔颖达在《五经正义》中多有引述；刘炫的经学著作有《五经正名》《尚书述义》《毛诗述义》等，今有辑佚本。二刘的经学不拘一家之说，对于南北朝时期的南学和北学作了某些折中，他们的经学贡献主要表现为对唐代群经正义有

---

[1] 个案研究主要有：齐木哲郎、曹峰：《永贞革新与啖助、陆淳等春秋学派的关系——以大中之说为中心》(《西北大学学报》2008年第1期)；纪丹阳：《刘知幾"疑古惑经"思想探析》(《安徽史学》(2015年第3期)等。

[2] 我的博士生马新月参与了本章初稿的撰写工作。

第四章 唐代的疑古惑经思潮

重要影响,清人皮锡瑞说:"隋之二刘,冠冕一代。唐人作疏,《诗》《书》皆本二刘。"[1]唐初,经学家陆德明完成《经典释文》的撰述,对唐初以前的经学汉学系统作了初步总结,奏出了隋唐统一经学的先声。此后,唐太宗先是诏命颜师古考定"五经",完成了关于"五经"的文字统一工作;数年后又诏命孔颖达等人撰修《五经正义》,唐高宗时期最终完成了对"五经"经义的统一疏解,颁行天下传习。这"五经"的统一疏解分别是:《周易正义》用魏王弼、韩康伯注,《尚书正义》用伪孔安国传,《毛诗正义》用汉毛公传、郑玄笺,《礼记正义》用汉郑玄注,《春秋左传正义》用晋杜预注。

然而,经义的统一疏解,以及《五经正义》坚守的"注不驳经,疏不破注"的解经原则,在宣告"五经"经义实现历史性统一的同时,也就意味着儒学因此而被禁锢,走向僵化,儒学的发展因此失去活力和创造性。因为经学有了统一的标准,《五经正义》成为对经学的唯一解读,自然也就限制了人们对于经义的理解。隋与唐初经学总结的初衷是为了服务于大一统政治的

---

[1] 皮锡瑞:《经学历史》,中华书局1959年版,第196页。

需要，然而这种固化的经学却难以培养出真正的治国人才，从而又影响了经学的功能发挥和学术地位。据《旧唐书·儒学传》记载，高宗即位以后，"政教渐衰，薄于儒术，尤重文吏"；到了武后统治时，更是"以权道临下，不吝官爵，取悦当时"，导致"博士、助教，唯有学官之名，多非儒雅之实""生徒不复以经学为意"[1]。文吏受到重用，与经学博士没有真才实学有关系，这样的经学自然不利于发挥其经世致用功能。

在这样一种背景下，一些经史学家意识到了经学发展的危机，于是大胆地站出来疑经惑传，从而掀起了一股疑古惑经之风。早在武后时期，王元感就撰写了《尚书纠缪》《春秋振滞》《礼记绳愆》这样的著作。虽然当时这些著作受到一些学者的批驳，如"祝钦明、郭山恽、李宪等本章句家，见元感诋先儒同异，不怿，数沮诘其言"，但也得到了一部分人的支持和赞扬，"徐坚、刘知幾、张思敬等惜其异闻，每为助理，联疏荐之。"[2] 王元感的这些著作现在都已经亡佚，其具体内容已不可考证，但是从徐坚、刘知幾等人联名为他推

---

[1]《旧唐书》卷一八九，《儒学上》，中华书局1975年版。

[2]《新唐书》卷一九九，《儒学中》，中华书局1975年版。

第四章 唐代的疑古惑经思潮

荐来看，当时的确是出现了一股质疑经典的思潮。

王元感之后的唐前中期，刘知幾是这股疑古惑经思潮的重要代表人物。所著《史通》，辟有《疑古》《惑经》两篇，大胆地对一些古代经典进行质疑，指出这些经书之中所叙述的历史事实未必可信。其中《疑古》篇主要怀疑的是《尚书》《论语》中的记载，刘知幾列举了十条可疑之处，并加以详细说明，其中包括尧舜禅让、汤伐夏桀等在传统儒家观念中已成定论的历史事件。而在《惑经》篇中，刘知幾更是列出"十二未谕"和"五虚美"来说明《春秋》叙事之不当。古代学者对这两篇文章多加批驳，认为刘知幾是在诋毁圣人，诽谤经典。明人郭孔延在《史通评释》中批评刘知幾舍弃孔子删定的经书而相信汲冢书，所谓"弃洙泗之删书，信汲冢之琐语"，并且认为他对上古君王禅让的怀疑是"以小人心度君子腹"。[1] 明人纪昀作《史通削繁》，更是将《疑古》的全文和《惑经》中的大段内容直接删去。而近代以来的学者又大加赞扬刘知幾疑经的思想，认为他能突破传统经学枷锁，具有反抗精神。

---

[1] 郭孔延:《史通评释·史通训故·史通训故补》，上海古籍出版社2006年版，第167页。

实际上，这样两种观点都太过绝对化。张振珮在《史通笺注》中说道："过去毁其离经叛道，近人誉其反抗精神，都从著者对儒经的态度考虑。事实上，是反映了著者忠于史学的态度，……说他离经叛道，不论是诽毁还是奖誉，都嫌太过。"[1] 他不赞成这种走向两极的观点，并且具体分析了出现这种不同评价的学术思想原因，那就是刘知幾是站在史学立场上来进行疑古惑经的。

到了唐代中后期，唐代经学发展的模式化倾向愈加明显，经学地位也受到了冲击。这一点在科举考试中表现得较为明显。唐代的科举重文辞而轻经义，且经籍分为大、中、小三等，大经受到较多的关注，而中经和小经则不被重视。这样的科举制度发展到中唐以后其弊端越来越明显，当时的士人多长于诗文创作而疏于经籍研读，对经书的理解墨守《五经正义》，而对于《公羊传》《穀梁传》这样既不在《五经正义》范围内，又属于小经的典籍更是知之甚少。唐代宗时期，时任礼部侍郎的杨绾就曾上疏指出现行的科举制度使

---

[1] 张振珮：《史通笺注》，贵州人民出版社1985年版，第3页。

得学者"不通经史,明经者但记帖括"[1]。此外,由于佛、道二家的兴盛,人们对儒家经学思想的信仰也产生了危机。从学术与政治的关系而言,安史之乱后,唐王朝的统治出现危机,经学发展的现状表明,它已经无法发挥经世致用的功能,不符合封建政治统治的需要。

在这样的学术与政治背景下,经学要想求得发展,发挥出经世致用的功能,传统经学模式亟待突破和革新。安史之乱后,唐代宗大历年间(766—779年),出现了一批学者,他们对以前的经解进行反思,抛弃固有的经学注疏,建立新的经说。《新唐书》记载:"大历时,助、匡、质以《春秋》,施士匄以《诗》,仲子陵、袁彝、韦彤、韦茝以《礼》,蔡广成以《易》,强蒙以《论语》,皆自名其学。"[2] 正是这些学者的"自名其学",由此开启了新一轮的疑古之风。在这些疑古的学者之中,最具代表性的就是啖助、赵匡、陆淳[3]三人,他们以研究《春秋》著称,一般被称为"新《春秋》学派"或"啖赵学派"。新《春秋》学派以啖助、赵匡为先驱,

---

[1]《新唐书》卷四十四,《选举上》,中华书局1975年版。

[2]《新唐书》卷二百,《儒学下》,中华书局1975年版。

[3] 陆淳为避唐宪宗李淳之讳,后改名陆质。

而最终由陆淳集其大成。啖助博览经书，尤其精通《春秋》，作《春秋集传》《春秋统例》。赵匡曾经订补啖助所写的《春秋集传》《春秋统例》，自己撰写了《春秋阐微纂类义统》。他们两人的著作都散佚了，部分内容保存在陆淳的《春秋集传纂例》中。陆淳师从啖助，与赵匡为友。他综合了这两个人的学说，撰写了《春秋集传纂例》《春秋微旨》和《春秋集传辨疑》。

新《春秋》学派的疑古主要针对的是《春秋》"三传"，即《左传》《公羊传》和《穀梁传》。他们认为"三传"的解释并不符合《春秋》经文的原意，尤其是在唐代一直处于官方正统地位的《左传》，"叙事虽多，释意殊少，是非交错，混然难证"[1]；而且正是由于此前《左传》一直广为传习，才导致"习《左氏》者皆遗经存传，谈其事迹，玩其文采，如览史籍，不复知有《春秋》微旨"[2]。除此之外，他们甚至还怀疑"三传"的作者，认为《左传》作者并不是左丘明，所谓《公羊传》

---

[1] 陆淳：《春秋啖赵集传纂例》卷一，《三传得失议第二》，中华书局1985年版。
[2] 陆淳：《春秋啖赵集传纂例》卷一，《啖氏集传集注义第三》，中华书局1985年版。

和《穀梁传》的作者公羊高和穀梁赤,也有可能是后儒的假说。这就进一步说明了新《春秋》学派认为"三传"解经的价值不高。啖、赵、陆三人对"三传"的审视是以其解经之义是否符合"《春秋》微旨"为标准的,这样的疑古实质上是疑传而尊经,他们试图抛开"三传"的固有解释,回归《春秋》经文本身,追寻他们所认为的真正的经学大义。新《春秋》学派的疑古思想对当时乃至后来学术的革新起到了关键的作用,使得经学研究的模式有了重大的转变。陈振孙在《直斋书录解题》中评价道:"汉儒以来言《春秋》者,惟宗三传,三传之外,能卓然有见于千载之后者,自啖氏始,不可没也。"[1]可见新《春秋》学派对"三传"的质疑引领了舍传解经的经学研究新方向。

从本质上来看,唐中后期新《春秋》学派的疑古与之前刘知幾以史疑经的思想是有区别的,应当说他们在经学危机的背景下重新树立了经学的学术地位,强调《春秋》经文的褒贬之义而非历史叙述的意义,这对于唐代中期以后经史关系的发展方向也有着深刻

---

[1] 陈振孙:《直斋书录解题》,上海古籍出版社1987年版,第57页。

的影响。

二、刘知幾疑古惑经的史学视角

在唐代前中期的疑古惑经思潮中,经史学家刘知幾是最具代表性的学者。与大多数学者经学立场的疑古惑经不同,刘知幾则是以史学的视角进行疑古惑经的。纵观刘知幾的疑古惑经思想,主要体现在其史学评论著作《史通》中的《疑古》和《惑经》两篇当中。

在《疑古》篇中,刘知幾开篇就论述了上古之史分为记言之史和记事之史,而且他指出"古人所学,以言为首"[1],所以像"虞、夏之典,商、周之诰,仲虺、周任之言,史佚、臧文之说"[2]就被奉为经典,而叙事之史则十分少见,许多上古的史事罕为人知,从而形成了"记事之史不行,而记言之书见重"[3]的局面。

---

[1] 刘知幾:《史通》卷十三,《疑古》,浦起龙校释本,上海古籍出版社2009年版。

[2] 刘知幾:《史通》卷十三,《疑古》,浦起龙校释本,上海古籍出版社2009年版。

[3] 刘知幾:《史通》卷十三,《疑古》,浦起龙校释本,上海古籍出版社2009年版。

第四章　唐代的疑古惑经思潮

这种重言轻事的传统一直延续了下来，例如两汉的儒者对《左传》大加批驳，而推崇《公羊》《穀梁》二传，刘知幾认为这是由于《左传》以记载《春秋》经文背后的史事为主，且涉及了一些经文以外的历史内容，而《公羊》《穀梁》二传释言较多。另外，像《尚书》《论语》这样的记言之史也同样备受重视。刘知幾认为正是因为有这样的传统，使得"唐、虞以下帝王之事，未易明也"[1]。

从刘知幾在《疑古》篇开篇的论述来看，他是以史学的视角来看待古代经籍的。首先，他以记言之史和记事之史来概括古代典籍。像《尚书》《论语》这样被后世视为经书的典籍，都被他归为记言之史，这就反映了他的史学立场。其次，他更强调经籍的历史叙事作用。从经籍的特点来看，记言之史一般记载的是重要人物的言论，这些言论往往具有很强的道德教化和训诫的意味；而记事之史则更注重对历史事实的记述。刘知幾指出了古人轻事重言的弊端，认为这样会使真正的历史事实湮没无闻，说明他更重视的是经籍

---

[1] 刘知幾：《史通》卷十三，《疑古》，浦起龙校释本，上海古籍出版社2009年版。

的历史叙事的作用，追求史学意义上的真实性。而且在《疑古》篇后面的内容中，刘知幾基本就是针对《尚书》《论语》等经籍叙事不实的问题进行质疑，可见他的疑经思想就是从史学角度出发的。

在《疑古》篇中，除了开篇对经籍发展特点的整体概述，刘知幾的具体论证过程也体现出了他以史疑经的特点。他说：

> 盖《虞书》之美放勋也，云"克明俊德"。而陆贾《新语》又曰："尧、舜之人，比屋可封。"盖因《尧典》成文而广造奇说也。案《春秋传》云：高阳、高辛二氏各有才子八人，谓之"元""凯"。此十六族也，世济其美，不陨其名，以至于尧，尧不能举。帝鸿氏、少昊氏、颛顼氏各有不才子，谓之"浑沌""穷奇""梼杌"。此三族也，世济其凶，增其恶名，以至于尧，尧不能去。缙云氏亦有不才子，天下谓之"饕餮"，以比三族，俱称"四凶"。而尧亦不能去。斯则当尧之世，小人君子，比肩齐列，善恶无分，贤愚共贯。且《论语》有云：舜举咎繇，不仁者远。是则当咎繇未举，不仁甚多，

第四章　唐代的疑古惑经思潮

> 弥验尧时群小在位者矣。又安得谓之"克明俊德""比屋可封"者乎？[1]

这一段话主要针对的是《尚书·虞书·尧典》中对尧的评价的问题。《尧典》称尧"克明俊德"，后世著作也因袭《尧典》，对尧的评价很高。然而刘知幾认为，尧在位时有的贤人不能被举用，像"四凶"这样的小人也没有被驱逐，"善恶无分，贤愚共贯"，所以不可称之为"克明俊德""比屋可封"。在论证过程中，刘知幾援引了《左传》和《论语》中的内容，具体分析了尧在位时贤人和小人的情况。其实，现在来看，《尧典》中的"克明俊德"是对尧的称赞之辞，带有很强的主观性。而刘知幾则是从历史的真实性出发，探求尧当政时的社会状况，从而对传统的评价产生了质疑。而且刘知幾引用其他文献来对《尚书》的内容进行考辨，这也说明了他具有历史考证的史学意识。

《疑古》篇还多次以近古历史的经验来推测上古历史，由此对经书中的记载表示怀疑。刘知幾说：

---

[1] 刘知幾：《史通》卷十三，《疑古》，浦起龙校释本，上海古籍出版社2009年版。

《论语》曰:大矣,周之德也。三分天下有其二,犹服事殷。案《尚书序》云:西伯戡黎,殷始咎周。夫姬氏爵乃诸侯,而辄行征伐,结怨王室,殊无愧畏。此则《春秋》荆蛮之灭诸姬,《论语》季氏之伐颛臾也。又案某书曰:朱雀云云,文王受命称王云云。夫天无二日,地惟一人,有殷犹存,而王号遽立,此即《春秋》楚及吴、越僭号而陵天子也。然则戡黎灭崇,自同王者,服事之道,理不如斯。亦犹近者魏司马文王害权臣,黜少帝,坐加九锡,行驾六马。及其殁也,而荀勖犹谓之人臣以终。盖姬之事殷,当比马之臣魏,必称周德之大者,不亦虚为其说乎?[1]

刘知幾认为《论语》称颂周德是"虚为其说",他引用《尚书序》的话,说明周文王征伐黎国就是僭越的行为,因为当时周文王属于诸侯,不能擅自讨伐他国,也正因为如此,才会与商王室结怨。在刘知幾看来,

---

[1] 刘知幾:《史通》卷十三,《疑古》,浦起龙校释本,上海古籍出版社2009年版。

第四章 唐代的疑古惑经思潮

这种僭越的行为，就像《春秋》中的荆蛮灭诸姬、《论语》中的季氏伐颛臾一样，至于周文王在商王仍存的情况下就自己称王，这更是如同《春秋》中吴、楚僭号称王。所以，刘知幾认为周文王并不像《论语》所说的那样道德高尚。而《论语》之所以这样记载，据刘知幾分析，这就类似于后世司马昭谋害权臣，僭用天子的建制，而西晋的中书监荀勖为了向司马氏政权献媚仍然称司马昭"人臣以终"。从刘知幾的分析就可以看出，他对《论语》记载的内容的怀疑都是来自于他对历史的认识，他根据后世历史发展的规律来推测殷周易代的情况，这说明他对历史发展有一个整体的把握。另外，刘知幾也以同样的方式质疑了经书当中尧舜禅让、武王伐纣等在传统观念中已成定论的历史事件，这些都体现了他以史疑经的思想。

在《惑经》篇中，刘知幾主要针对的是《春秋》这一部经典。在开篇他就表明《春秋》是孔子所修的一部史书，他说："但孔氏之立言行事，删《诗》赞《易》，其义既广，难以具论。今惟摭其史文，评之于后。"[1]

---

[1] 刘知幾:《史通》卷十四,《惑经》,浦起龙校释本,上海古籍出版社2009年版。

而所谓的孔子所著的"史文",刘知幾指的就是《春秋》。刘知幾以史学的角度来看待《春秋》,这为整篇质疑《春秋》定下了一个基调,他的所谓《春秋》"十二未喻"和"五虚美"都是源于这样一种史学立场。

在"十二未喻"中,刘知幾提到《春秋》所记载的史事往往来源于他国使者到鲁国的赴告,使者所告的史事有大有小,还有遗缺,而刘知幾认为《春秋》的记载是"苟有所告,虽小必书;如无其告,虽大亦阙",这就导致"巨细不均,繁省失中"。[1]如鲁僖公十六年宋国出现了六鹢退飞的现象,这是非常小的事件,《春秋》记载下来了,但晋国灭耿、魏、霍三邦这样十分重要的事情《春秋》就没有记载。而且刘知幾说:"案晋自鲁闵公已前,未通于上国。至僖二年,灭下阳以降,渐见于《春秋》。盖始命行人自达于鲁也,而《琐语春秋》载鲁国闵公时事,言之甚详。斯则闻事必书,无假相赴者也。盖当时国史,它皆仿此。"[2]这是说晋

---

[1] 刘知幾:《史通》卷十四,《惑经》,浦起龙校释本,上海古籍出版社2009年版。

[2] 刘知幾:《史通》卷十四,《惑经》,浦起龙校释本,上海古籍出版社2009年版。

国在鲁闵公以前没有通于鲁国,所以《春秋》中关于晋国的记载详于鲁闵公之后,但是晋国的史书却记载了鲁闵公之前鲁国的史事,这说明当时鲁国以外的他国国史并没有仅依靠正式的使者传告来编写,而是"闻事必书"的。因此,刘知幾批评《春秋》说:"比夫诸国史记,奚事独为疏阔?寻兹例之作也,盖因周礼旧法,鲁策成文。夫子既撰不刊之书,为后王之则,岂可仍其过失,而不中规矩者乎?"[1]由此可见,刘知幾认为《春秋》作为一部史书应当内容详实,繁省合理,他以其他的国史著作作为参照,从而指出了《春秋》记载失当的问题。而且,刘知幾说:"盖君子以博闻多识为工,良史以实录直书为贵。"[2]然而使者来告之辞不一定符合事实,比如对于兵败、弑君这样的事情多有隐讳,叙述某些事件发生的时间会出现错误等等。这样一来,就导致《春秋》的记载"真伪莫分,是非相

---

[1] 刘知幾:《史通》卷十四,《惑经》,浦起龙校释本,上海古籍出版社2009年版。
[2] 刘知幾:《史通》卷十四,《惑经》,浦起龙校释本,上海古籍出版社2009年版。

乱"[1]，不符合史书实录直书的标准。

刘知幾提出"五虚美"，同样是基于对《春秋》史学价值的评判。他认为《春秋》承袭的是鲁国国史的旧文，其叙事方式和行文习惯与当时所存的其他史书是类似的，《春秋》在很多方面并没有像后世学者所称赞的那样完美，所以在他看来，后世对《春秋》的一些褒扬是"虚美"。比如刘知幾说：

> 案古者国有史官，具列时事，观汲冢出记，皆与鲁史符同。至如周之东迁，其说稍备；隐、桓已上，难得而详。此之烦省，皆与《春秋》不别。又"获君曰止""诛臣曰刺""杀其大夫曰杀""执我行人""郑弃其师""陨石于宋五"。诸如此句，多是古史全文。则知夫子之所修者，但因其成事，就加雕饰，仍旧而已，有何力哉？加以史策有阙文，时月有失次，皆存而不正，无所用心，斯又不可弹说矣。而太史公云："夫子'为《春秋》，笔则笔，削则削，游、夏之徒，不能赞一辞'。其

---

[1] 刘知幾：《史通》卷十四，《惑经》，浦起龙校释本，上海古籍出版社2009年版。

第四章 唐代的疑古惑经思潮

虚美一也。"[1]

在这段话中,刘知幾表明其他诸侯国的国史在历史记载上与鲁国的《春秋》无太大分别,《春秋》中的一些内容就是古史中的原文,甚至史策中的缺失错漏之处孔子也未作分辨均收入《春秋》中。所以,刘知幾认为孔子作《春秋》更多的是因袭旧文,而非司马迁称赞的那样有笔削删改之功,以至于"游、夏之徒,不能赞一辞"。再如,刘知幾指出春秋时期大多史官都是秉笔直书的,如"董狐书法而不隐,南史执简而累进"[2]。而孔子修《春秋》,却对他邦或本国的一些篡逆弑君之事缺而不录,这不符合书法无隐的修史原则。

由此可见,不论是在《疑古》篇还是《惑经》篇中,刘知幾都是从史学的角度来质疑经书,或是按照史书的修撰标准对经书中不实的记载加以批评的,他的这种以史疑经的思想其实反映了唐代史学地位的提高。

---

[1] 刘知幾:《史通》卷十四,《惑经》,浦起龙校释本,上海古籍出版社2009年版。

[2] 刘知幾:《史通》卷十四,《惑经》,浦起龙校释本,上海古籍出版社2009年版。

值得注意的是，从经史关系上讲，当时的史学发展整体还是在经学思想指导下的，史学不可能完全摆脱经学的影响而独立。所以尽管刘知幾以史疑经，但他并没有否定经学，尤其是对于经学中所体现的名教思想，他在史书中还是主张要维护的。然而，这样一来，名教思想中为君隐讳、掩恶扬善的观念，就与秉笔直书的修史原则产生了一定的矛盾。在《惑经》篇中，这种矛盾就暴露了出来，刘知幾的基本原则还是要直笔让位于名教，他说："夫臣子所书，君父是党，虽事乖正直，而理合名教。"[1] 而在具体历史叙事中，刘知幾对何时该直书，何时应隐讳，做着艰难的区分：像"鲁之隐、桓戕弑，昭哀放逐，姜氏淫奔，子般夭酷"这样的"邦之孔丑"就应当隐讳，而像"公送晋葬，公与吴盟，为齐所止，为邾所败，盟而不至，会而后期"这样的小事还要隐讳的话，就显得"烦碎之甚"了。[2]

---

[1] 刘知幾：《史通》卷十四，《惑经》，浦起龙校释本，上海古籍出版社2009年版。
[2] 刘知幾：《史通》卷十四，《惑经》，浦起龙校释本，上海古籍出版社2009年版。

第四章　唐代的疑古惑经思潮

三、新《春秋》学派疑古惑经的经学立场

在唐代疑古惑经思潮发展过程中，基于经学而非史学的立场是比较普遍的现象。在经学立场上疑古惑经的主要代表，当属唐中后期的新《春秋》学派。

刘知幾之后的唐中后期，出现了以啖助、赵匡和陆淳为代表的新《春秋》学派引领的新一轮疑古惑经思潮。之所以称其为"新《春秋》学派"，是因为他们以研习、阐释《春秋》经义为主要治学方向，而且他们对《春秋》经文的解读不同于传统的《春秋》学，一方面兼采《春秋》三传的解释，不再固守一家；另一方面又以经驳传，主张从经文本身出发来阐发《春秋》大义，这也是其疑古惑经思想的由来。当然，这一时期的疑古惑经之风并不仅仅限于《春秋》及"三传"的研治，也包含对于其他诸经的研治，如前文所提到的能"自名其学"的尚有施士匄治《诗》，仲子陵、袁彝、韦彤、韦茝治《礼》，蔡广成治《易》，强蒙治《论语》等，他们的经说也都提出了新说，具有疑古惑经思想。但是，对当时社会政治以及后来学术的发展影响最大

的，还属新《春秋》学派。他们的学说之所以有如此大的影响力，这与他们选择《春秋》这部经典来进行研究有很大的关系。《春秋》常被看作是孔子所书"为后王法"的著作，其中所包含的褒贬之义可以为后世的政治统治提供借鉴和规范。新《春秋》学派就是看到了《春秋》的这种重要意义，所以试图通过阐发《春秋》大义来挽救当时唐朝藩镇割据、社会危机不断加重的政局。而且传统的《春秋》学发展到唐代已经走向僵化，学者固守"三传"的解释，而"三传"在许多问题上又各执一词，难有定论。新《春秋》学派认为这样的学术现状亟须改变，所以他们要建立解释《春秋》的新的学说。新《春秋》学派的疑古惑经与刘知幾有很大的不同，他们并没有质疑经文本身，而是质疑传文，具体到《春秋》学就是质疑《春秋》"三传"。他们站在经学的立场上疑古惑经，以强调褒贬的"《春秋》微旨"来质疑"三传"，试图打破传统的经学解释模式，建立新的解经学说。

新《春秋》学派的疑古惑经思想，主要表现在以下几个方面：首先，啖助等人以经学的观点来看待《春秋》，将《春秋》看作经书而非史书。他们也承认《春秋》承袭了鲁国史记旧文,是"因史制经",但他们认为孔子作《春秋》的本意并不是要修一部史书,而是要通过鲁史旧文来"明王道"。赵匡就说:"予谓《春秋》因史制经,以明王道。其指大要二端而已:兴常典也,著权制也。故凡郊庙、丧纪、朝聘、蒐狩、婚娶,皆违礼则讥之,是兴常典也。非常之事,典礼所不及,则裁之圣心,以定褒贬,所以穷精理也。"[1]他将孔子作《春秋》的主张分为两点,一是兴常典,二是著权制。赵匡更看重的是著权制,是孔子在《春秋》中所表达的褒贬义理,这也是赵匡所认为的《春秋》与史籍的不同之处。《春秋集传纂例·赵匡损益义》载:"或曰:圣人之教,求以训人也,微其辞何也?答曰:非微之也,事当尔也。人之善恶,必有浅深,不约其辞,不足以差之也。若广其辞,则是史氏之书尔。"[2]赵匡认为圣人之教存于《春秋》的微言之中,也正是这些微言才能表达出对人事善恶的褒贬之义,这是《春秋》作为

---

[1] 陆淳:《春秋啖赵集传纂例》卷一,《赵氏损益义第五》,中华书局1985年版。
[2] 陆淳:《春秋啖赵集传纂例》卷一,《赵氏损益义第五》,中华书局1985年版。

经书的表达方式，它不同于需要"广其辞"以记述事实的史书，它的主要目的是用微言褒贬来为后世设教立法。

也正是由于经学的而非史学的立场，使得新《春秋》学派对解释《春秋》的《公羊传》《穀梁传》与《左传》的评价有所区别。因为《公》《穀》二传是从经义上解经，《左传》则是以史事解经，相对而言，新《春秋》学派更认同《公》《穀》二传的观点，而对《左传》批评较多。前文已经提到，啖助认为正是因为之前《左传》一直处在官方正统的地位上，人们只习《左传》而舍弃了《公》《穀》二传，更是舍弃了《春秋》经文，而通过《左传》来了解《春秋》，就导致人们"如览史籍，不复知有《春秋》微旨"。赵匡也论述过《左传》与《公》《穀》二传的区别，他认为"《公》《穀》守经，左氏通史"，"左氏解经，浅于《公》《穀》"。[1] 而且，对于《左传》中有传无经的内容，新《春秋》学派也认为应当删去，不应作为解经之辞。《春秋集传纂例·啖赵取舍三传义例》中有这样一段话：

---

[1] 陆淳：《春秋啖赵集传纂例》卷一，《赵氏损益义第五》，中华书局1985年版。

第四章 唐代的疑古惑经思潮

> 或问:无经之传,有仁义诚节,知谋功业,政理礼乐,说言善训多矣,顿皆除之,不亦惜乎?答曰:此经,《春秋》也;此传,《春秋》传也,非传《春秋》之言,理自不能录耳,非谓其不善也。且历代史籍,善言多矣,岂可尽入《春秋》乎?其当示于后代者,自可载于史书尔。[1]

新《春秋》学派认为凡是解释《春秋》的传文都应该以经文为本,所以尽管《左传》中的无经之传记载属实且多有善训,也不能作为解经之传,而应当归入史籍。这说明他们对经与史有着严格的区分,而且强调经书不能与史书混同。

其次,新《春秋》学派在质疑《春秋》"三传"的具体内容时,也是从道德教化的角度,用经学的褒贬之义来作为他们的评判标准的。陆淳在《春秋经传辨疑·凡例》中说:"凡左氏叙战灭及奔杀等事,委曲繁碎,今悉略其文,举成败大纲而已。凡左氏无经之传,今

---

[1] 陆淳:《春秋啖赵集传纂例》卷一,《啖赵取舍三传义例第六》,中华书局1985年版。

皆不取。其有因盟会征伐等事而说忠臣义士,及有说言嘉谟与经相接者,略取其要,若说事迹与经符而无益于教者,则亦不取。"[1] 可见,陆淳对《左传》中战灭奔杀等历史事件的具体过程并不看重,他认为存其大纲就可以了。对于无经之传,陆淳与赵匡一样都主张不取,但他进一步说,如果《左传》中所记载的事迹"无益于教",那么即使这些内容与经相符也不取。可以看出,是否有益于道德教化是新《春秋》学派对解经之传的重要评判标准,这一点就充分体现了他们的经学立场。在对传文进行具体分析时,他们更是以是否有褒贬之义,以及是否符合教化之理作为疑古的出发点。例如《春秋》隐公七年经文:"公伐邾。"《春秋集传辨疑》载:"左氏曰:'为宋讨也。'赵子曰:'邾伐宋在五年,不应二年方为之报。左氏此例甚多,既非褒贬之意,故不取。他放此。"[2] 鲁隐公七年《春秋》经文记载隐公伐邾国,《左传》解释说这是为宋国而去进攻的。赵匡说邾国伐宋是在隐公五年,鲁隐公不应当过了两年才为宋报仇。而且,他认为《左传》的这种

---

[1] 陆淳:《春秋集传辨疑·凡例》,中华书局1985年版。
[2] 陆淳:《春秋集传辨疑》卷一,《公伐邾》,中华书局1985年版。

解释没有体现《春秋》的褒贬笔法，所以不予采取，《左传》中类似的情况也应如此。如果说赵匡一开始从邾伐宋和公伐邾的时间来分析还是有一定的逻辑依据，那么后面的"非褒贬之意，故不取"，就体现出他以褒贬义理作为疑古的重要标准。

此外，新《春秋》学派还以这种褒贬义理作为质疑《左传》历史叙述的依据。例如《左传》中详细叙述了隐公元年郑伯克段于鄢这件事的前因后果，然而啖助怀疑郑庄公并没有像《左传》说的那样囚禁母亲姜氏。他说："按庄公云：'姜氏欲之，焉避害？'又曰：'不义不暱，厚将崩。'此皆避恶名矣，但以不知大义，乃陷于杀弟，岂子囚母乎？此传近诬矣。"[1] 啖助认为根据郑庄公的言论判断出他是知道避恶名的，只是不知大义才陷于杀弟，所以他应当不会囚禁自己的母亲。在啖助看来，《左传》的记载是诬妄之辞。从啖助的论证过程来看，他没有像刘知幾疑古那样参考历史发展的经验或者援引其他典籍的相关记载作为论据，而是直接依靠道德义理角度的分析，从而对《左传》的历

---

[1] 陆淳：《春秋集传辨疑》卷一，《郑伯克段于鄢》，中华书局1985年版。

史记载进行质疑。再如,文公六年,《春秋》经文载:"季孙行父如陈。"《左传》解释说:"且娶焉。"但是赵匡不认同这种说法,他说:"若实如此则非礼,经文当书之,经既不书,此说谬也。"[1]赵匡认为如果《左传》的这种不符合礼法的解释属实,经文一定会指出或有所体现,经文既然没有说季孙行父违背礼法,那么《左传》的说法就是不实的。可见他也是把"礼"这种道德规范作为标准,而且是以《春秋》经文为本的。

虽然新《春秋》学派的疑古惑经是站在经学的立场上对《春秋》"三传"进行批评、质疑,其观点、主张基本属于经学内部问题,而且他们强调经学与史学的区别。但是,他们的学说,尤其是这种注重褒贬义理的思想特点,对唐代中后期的史学新变乃至宋以后的史学发展都产生了深远的影响。一方面,从学术立场上看,新《春秋》学派的学术主张和观点基本属于经学范畴,而且他们在疑古惑经的过程中反对将《春秋》看作史书,强调经史之间的区分,他们的这种经史相分的主张与刘知幾援经入史的做法,都影响了后

---

[1] 陆淳:《春秋集传辨疑》卷七,《季孙行父如陈》,北京,中华书局,1985。

世学者的经史观念。而另一方面,尽管新《春秋》学派强调经史相分,但他们以褒贬之义质疑《春秋》"三传"的做法,在客观上对史学的发展也产生了影响。

第五章 黄宗羲的理学、经学与史学之实学视角考察

明清易鼎所带来的"天崩地解"的历史巨变,深深地刺痛了汉族士大夫的心灵,他们中的一些人不但亲身参加清初的抵抗运动,而且在抵抗运动失败以后痛定思痛,对国破家亡历史惨剧的发生进行深刻的反思。他们批判宋明理学脱离现实、不讲经世的空疏学风,积极倡导穷经治史以经世的实学精神,黄宗羲便是其中的杰出代表之一。纵观黄宗羲的学术思想特点,其理学总结与批判则综罗百家,经史研习则以经世为务。

一、兼综百家的理学总结与批判

宋明理学发展到明清之际,虽然在意识形态上依

第五章　黄宗羲的理学、经学与史学之实学视角考察

然处于官方统治地位,然在学术发展上明显呈现出衰微之势。明初程朱理学的发展已经处在守成状态,《明史·儒林传序》说明初儒者"守先儒之正传,无敢改错"。《明儒学案·莫晋序》也说当时儒者只会"恪守紫阳家法,言规行矩""专尚修,不尚悟"。明中后期王阳明心学的崛起,以反对正统朱学的姿态出现,在一定程度上是出于改变理学发展停滞状态的需要。然而王学过分夸大主观精神的作用,专注于人的内心世界,反而助长了不务实际的清谈之风,以至于学者们批评其"终日言性与天道,而不自知其堕于禅学也,"[1]"高谈性命,直入禅障,束书不观"[2]。王学为了挽救理学危机,却反而加深了这种危机。不过王学反传统的思想,对于晚明思想启蒙有着积极的影响。晚明以罗钦顺、王廷相等为代表掀起的唯物主义思潮,以及王学内部泰州学派等"异端"思想的出现,都与王学反传统思想启蒙分不开。随着明清易鼎巨变的发生,通过对理学作出总结与批判,倡导经世致用的实学,已

---

[1] 顾炎武:《日知录》卷七,《夫子之言性与天道》,岳麓书社1994年版。
[2] 全祖望:《鲒埼亭集》外编卷十六,《甬上证人书院记》,载《全祖望集》,上海古籍出版社2000年版。

经成为时代的需要。黄宗羲的理学总结与批判，正是在这样一种背景下发生的。

黄宗羲的理学，既有因学派渊源关系所作的继承，也有兼综百家基础上的创新；既有对理学发展史的梳理与总结，又有对传统理学思想的反思与批判。

从学派渊源来讲，黄宗羲师从刘宗周。刘宗周作为明末与黄道周齐名的两大儒，王学的殿军人物，蕺山学派的创始人，在明末思想界有较大的影响。刘宗周的理学思想有一个演变过程，黄宗羲认为前后有三变："先生于新建之学（指王学）凡三变：始而疑、中而信、终而辩难不遗余力。"[1] 总体来看，刘宗周的理学思想比较复杂。在本体论上，主张气一元论，认为"盈天地间一气而已矣"[2]，"离气无所谓理"[3]。在心性论上，肯定性不离气，"气聚而有形，行载而有质，质具而有体，体列而有官，官呈而性著焉"[4]。人性是以人的身体和气为依据的。在认识论上，主张"良知不离闻

---

[1] 刘宗周：《刘子全书》卷三十九，《子刘子行状》，道光刻本。
[2] 刘宗周：《刘子全书》卷七，《原性》，道光刻本。
[3] 刘宗周：《刘子全书》卷十一，《学言》，道光刻本。
[4] 刘宗周：《刘子全书》卷七，《原性》，道光刻本。

第五章　黄宗羲的理学、经学与史学之实学视角考察

见",认为"良知与闻见之知,总是一知。良知何尝离得闻见,闻见何尝遗得心灵。"[1] 这些思想具有明显的反理学色彩,其中不乏具有一些唯物主义倾向。但在另一方面,作为心学后学,刘宗周又极力维护心学思想。刘宗周提出的"慎独""敬诚"之说,不仅作为道德修养方法,而且引入其人性论与认识论之中,实际上是针对明末王学的危机,希望作出的一种"补偏救弊"。不过刘宗周那些背离理学的思想,在明末是起到思想启蒙作用的,后来被他的学生黄宗羲、陈确等人所继承和发扬,成为他们批判理学的思想来源。

作为刘宗周的弟子,清初最有影响的大儒之一——黄宗羲的理学思想既继承了其师刘宗周反理学的思想因素,又综罗百家思想,具有明显的理学总结与批判的特点。黄宗羲理学思想最具代表性的著作,即是《明儒学案》一书。该书不但是黄宗羲对有明一代学术史的总结,从中也能反映黄宗羲自己的理学思想。该书卷首有《师说》一篇,是黄宗羲根据刘宗周评论明代学术的言论辑录而成的。黄宗羲之所以将此

---

[1] 黄宗羲:《明儒学案》卷六十二,《蕺山学案·语录》,中华书局2008年版。

篇冠首，寓意很明显，一是为了说明《明儒学案》撰述的学术渊源，二是为了彰显尊师说。这样的编排，本身就足以说明黄宗羲对于继承刘宗周学术思想的重视。从该篇所反映的黄宗羲对师说的尊重来看，主要表现在两个方面，其一是《明儒学案》论述的学者将刘宗周《师说》中评论的25位学者皆纳入其中，评论的思想观点大致与刘宗周相同；其二是理学思想的相一致。典型例子莫过于对于王阳明心学的论述，《师说》肯定王阳明"致良知"得孔孟学脉之正传；认为"四句教法"乃出王畿，非王阳明定论；认为朱学与王学皆重"慎独"，力图和会朱王学术异同。以《明儒学案》相对照，黄宗羲几乎完全继承了乃师的说法。在《姚江学案·序》中，黄宗羲表彰王阳明"致良知"说，将其奉为千古学脉；在《浙中王门学案·王畿传》中，黄宗羲详细辨析"四句教法"非王阳明本旨；在《浙中王门学案·胡瀚传》中，力图调和朱学与王学的对立，如此等等，在《明儒学案》中保持与师说相一致的地方还很多，足见其对师说的继承，《师说》堪为《明儒学案》学术思想的主要来源。

当然，黄宗羲的理学思想既有所继承，更有自己

第五章　黄宗羲的理学、经学与史学之实学视角考察

的发现与创新，而这种发现与创新是以综罗百家学术为基础的。《明儒学案》所立学案有崇仁、白沙、河东、三原、姚江、浙中王门、江右王门、南中王门、楚中王门、北方王门、粤闽王门、止修、泰州、甘泉、诸儒、东林、蕺山共17个，从中可以看出王学及其后学占据了其中的主要篇幅。这一方面是明代王学成为显学的学术实际情况的真实反映，另一方面也是黄宗羲作为王学后学凸现心学的一种表现。当然，《明儒学案》的学术史反映，总体来说还是体现了综罗百家而非仅仅表彰一家的思想，如其中就有属于明初的崇仁、河东朱学和三原关学，白沙、止修、甘泉心学别派，泰州王门别派，晚明东林与蕺山学派，以及尚未归入各派中的诸儒学案等。应该说，这样的立案，大致反映了明代学术史的全貌。黄宗羲综罗百家学术的思想，也是其倡导反对学术上有门户之见思想的具体体现。黄宗羲强调学术需要有宗旨，"大凡学有宗旨，是其人之得力处，亦是学者之入门处"[1]。《明儒学案》的基本编排由三个部分组成，其中的"序"叙述学派的渊

---

[1] 黄宗羲：《明儒学案·凡例》，中华书局2008年版。

源与脉络,"传记"便是叙述学派各案主的学术及其宗旨,还有"资料选辑"记述的学派各案主的论著和语录等,其实也是围绕着案主的学术宗旨去篡要钩玄其史料。由此可见《明儒学案》对于彰显各学派案主学术宗旨的高度重视。然而,黄宗羲在强调学术要有宗旨的同时,又极力反对门户之见。认为"学术之不同,正以见道体之无尽也。奈何今之君子,必欲出于一途,剿其成说,以衡量古今,稍有异同,即诋之为离经叛道,时风众势,不免为黄茅白苇之归耳。"[1] 也正因此,黄宗羲在捍卫师说、表彰心学的同时,对于心学之外的朱学以及心学别派、王门别派乃至诸儒有功于明代学术者,实际采取的是综罗百家、兼容并包的学术态度。

综罗百家学术,不是简单地进行学术统合,而是要有自得之学,这是黄宗羲《明儒学案》所彰显的又一重要思想和编纂旨趣。在该书《凡例》中,黄宗羲说:"学问之道,以各人自用得着为真。凡倚门傍户,依样葫芦者,非流俗之士,则经生之业也。此编所列,

---

[1] 黄宗羲:《明儒学案·序》,中华书局 2008 年版。

有一偏之见,有相反之论。学者于其不同处,正宜着眼理会,所谓一本而万殊也。"并说《明儒学案》的编纂,"皆从全集纂要钩玄,未尝袭前人之旧本也。"黄宗羲所言,表述了两层意思,其一是说做学问不应该"倚门傍户,依样葫芦",而应该有自得之学、独断之学,哪怕是"一偏之见",或是"相反之论",只要是自己的心得,便是真学术、真学问。其二是告示人们,他的《明儒学案》,便是从提倡自得之学的思想出发,进行史料收集、去取与史书的编纂的,因此,凡是"倚门傍户,依样葫芦"之学,则一概不取;凡是自得之学,即使是"一偏之见",或是"相反之论",也都加以论述。这种自得之学,当然是一种实学之风,是对晚明抱残守缺、因袭陈说学风的批判。

二、"穷经经世"的经学主张

黄宗羲不仅是理学的总结与批判者,也是通经大家。按照皮锡瑞《经学历史》的说法,明代是"经学积衰时代",之所以如此,当然是与朱学衰落、心学兴起有关系,同时也与明代科举考试有关系。皮锡瑞说:

科举考试"名为明经取士,实为荒经蔑古之最。明时所谓经学,不过蒙存浅达之流,即自成一书者,亦如顾炎武所云:明人之书,无非盗窃。弘治以后,经解皆隐没古人名字,将为己说而已。其见于《四库存目》者,新奇谬戾,不可穷诘。《五经》扫地,至此而极"[1]。黄宗羲倡导实学,不仅对明代理学进行了总结和批判,而且重视倡明经学,希望通过经术达到经世的目的。他曾经主持甬上讲经会长达8年之久,讲明经学,从学者数百人。对于讲学旨趣,黄宗羲有自己的见解。他批评明人讲学不以"六经"为根据的做法,强调博览群书、穷经经世的重要性:"尝谓明人讲学,袭语录之糟粕,不以《六经》为根柢,束书不读,但从事于游谈。学者必先穷经,经术所以经世,乃不为迂儒。"[2]

纵观黄宗羲的经学思想,其主要内容包括两个方面:一是穷经,二是致用。先说穷经。如何穷经?首先是必须通经。黄宗羲认为,王学末流的最大弊端就是束书不观,专事游谈,依靠所谓的发明本心,从而达到心知万物的目的。黄宗羲虽为王门之后,却对王

---

[1] 皮锡瑞:《经学历史》,中华书局2008年版,第278页。
[2] 江藩:《国朝汉学师承记》卷八,《黄宗羲》,中华书局1983年版。

第五章 黄宗羲的理学、经学与史学之实学视角考察

学末流空谈性命道理,不论训诂的空疏学风提出批评,强调泛观博览的重要性。他认为"读书不多,无以证斯理之变。"[1]泛观博览,对于治经而言,也就是要通经,而不能局限于一经。黄宗羲曾经评价晚明经学,特别推崇黄道周、郝敬和何楷三人,认为黄道周经学的特点是博洽,于"六经"皆有著述,经学成就很大。郝敬曾著有《九经解》,对诸经皆有疏通,黄宗羲称其"明代穷经之士,先生实为巨擘"[2]。何楷治经虽然主要集中于《易》《诗》领域,但经学思想深邃。很显然,三人之所以受到黄宗羲的推崇,主要在于他们能够通经。在经学思想上,黄宗羲其实是不拘守一家,而是持一种汉宋兼采的态度的,他从实学的角度批评宋学空疏,赞赏汉代经师讲求训诂考证的学风,却又从通经致用的角度主张汲取宋学的义理之长,也就是要"取近代理明义精之学,用汉儒博物考古之功"[3]。按照清代学者江藩的说法,黄宗羲是"说经则宗汉儒,立身则宗

---

[1] 江藩:《国朝汉学师承记》卷八,《黄宗羲》,中华书局1983年版。

[2] 黄宗羲:《明儒学案》卷五十五,《诸儒学案下》,中华书局2008年版。

[3] 黄宗羲:《陆文虎先生墓志铭》,载《黄宗羲全集》第10册,浙江古籍出版社2005年版。

宋学。"[1] 博需返约，通经还必须要"会众合一"。黄宗羲反对治经只限于一家经说，或者只限于已有定论，却主张在通经的基础上能"会众合一"，黄宗羲说："士生千载之下，不能会众以合一，山谷而之川，川以达于海，犹可谓之穷经乎？"[2] 这就是说，士人治经，既要贯通诸经，又要"会众合一"，只有这样，才算是真正做到"穷经"。那么，黄宗羲的"合一"是不是另一种形式的定于一呢，答案自然是否定的。首先，这种"合一"是以会通诸经为基础的，而不是狭隘地持守一经、一说，"寻行数墨，以附会一先生之言，则圣经贤传皆是糊心之具"[3]；其次，这种"合一"是"道一"，要以儒家的内圣外王之学贯穿其中，这便是经学内含之"道"，需要一以贯之。黄宗羲说："夫道一而已，修于身则为道德，形于言则为艺文，见于用则为事功名节。

---

[1] 江藩：《国朝汉学师承记》卷八，《黄宗羲》，中华书局1983年版。
[2] 黄宗羲：《万充宗墓志铭》，载《黄宗羲全集》第10册，浙江古籍出版社2005年版。
[3] 黄宗羲：《陈叔大四书述序》，载《黄宗羲全集》第10册，浙江古籍出版社2005年版。

岂若九流百家,人自为家,莫适相通乎?"[1]

其次是直入虎穴,返归"六经"。明代八股取士以来,人们以时文为习作对象,而放弃了对于经学元典本身的研究,这是一种弃本从末的经学研究方式,难以真正做到"穷经"以探求经典本意的目的。黄宗羲经学最为鲜明的特点之一,就是重视对于经学元典的研究,而不是由章句而章句。黄宗羲一生治经勤奋,对于"六经"及其他诸经经典皆有研究。如于易学有《易学象数学》6卷,辨河、洛方位图说之非;于尚书学有《授书随笔》1卷,就阎若璩问《尚书》而答之,旨在辨古文《尚书》之伪;于春秋学有《春秋日食历》1卷;于礼学有《深衣考》1卷,内容涉及深衣形制、经解和诸家图说。此外还有关于《孟子》研究的《孟子师说》4卷,该书是因其师刘宗周著有《论语》《大学》《中庸》诸解,"四书"中独缺《孟子》,故冠以师说补做。当然,以上著作只是黄宗羲关于经典研究的一小部分而已,其大量的经学论述还散见于各类著作当中。

次说经世。通经、穷经是为了经世的需要,否则

---

[1] 黄宗羲:《余姚县重修儒学记》,载《黄宗羲全集》第10册,浙江古籍出版社2005年版。

治经就失去了应有的学术价值。在中国经学史上，西汉今文经学其实是非常重视经学的致用性的，今文家以经学作为社会改制的依据。然而经学发展到明代，其致用特点被淹没了，人们研读经书的目的，是为了博取科举功名，故而背诵时文、持守章句便成为治经的全部内容。黄宗羲生当明清之际，明朝的衰亡虽然并非完全取决于明代的空疏学风，然而这种不讲功用的经学风气，显然是不利于挽救明朝的统治的。黄宗羲治经兼综古今、汉宋，非常重视发扬今文经学的通经致用思想，对明代背离这一原则的经学风气进行批判，他说：

> 儒者之学，经天纬地。而后世乃以《语录》为究竟，仅附答问一二条于伊、洛门下，便厕身儒者之列，假其名以欺世。治财赋者则目为聚敛，开阖捍边者则目为粗材，读书作文者则目为玩物丧志，留心政事者则目为俗吏，徒以"生民立极、天地立心、万世开太平"之阔论钤束天下。一旦有大夫之忧，当报国之日，则蒙然张口，如坐云雾。世道以是潦倒泥腐，遂使尚论者以为立功建业别

第五章　黄宗羲的理学、经学与史学之实学视角考察

是法门，而非儒者之所与也。[1]

黄宗羲明确认为，造成明代这种徒尚空谈、不务实事的学术风气，与科举取士是有一定关系的。他批评说："蠢蠢章句，锢人性命；视一科名，以为究竟。正如海师，针经错乱；妄认鱼背，指曰洲岸。"在他看来，天下士子齐奔科举一途，以熟读章句为能事，这是将天下人导入歧途。实际上，科场之外"复大有事"，诸如"帝王之所经营，圣贤之所授受，下而缘情绮靡之功，俱属吾人分内"[2]。黄宗羲所作《明夷待访录》，堪为其穷经经世的代表之作。在该书中，黄宗羲从通经致用的思想出发，不但对君主专制制度扼杀天下人的私利进行了批判，而且提出了包括君臣共治、工商皆本、兴办学校等民主改革方案，有批判也有设想，对当时的时代具有重要的思想启蒙作用，是将其治经所悟之"道"运用于政治现实的具体体现。

---

[1] 黄宗羲：《赠编修弁玉吴君墓志铭》，载《黄宗羲全集》第10册，浙江古籍出版社2005年版。
[2] 黄宗羲：《进士心友张君墓志铭》，载《黄宗羲全集》第10册，浙江古籍出版社2005年版。

三、"言性命者必究于史"的重史思想

史学从来就是经世之学,黄宗羲强调学以致用,自然也会重视史学。同时,黄宗羲作为浙东后学,也是承继了浙东学术经史并重的传统。对于黄宗羲的学术思想渊源,全祖望作如是说:"公以濂、洛之统,综会诸家。横渠之礼教,康节之数学,东莱之文献,艮斋、止斋之经制,水心之文章,莫不旁推交通,连珠合璧,自来儒林所未有也。"[1] 在此,全祖望认为黄宗羲的学术是远绍周程濂洛正统,然后综会诸家而集大成的。这里所谓诸家,就包括北宋理学中的张载关学和邵雍象数学,以及吕祖谦、陈傅良、薛季宣、叶适之等南宋浙东学派的重要代表人物。很显然,黄宗羲是作为浙东学术的传人。而南宋浙东学术的特点,即是尊经重史。像吕祖谦、陈傅良、薛季宣、叶适等人,不但于理学、经学多有成就,史学成就同样很大,都是一时重要的史家。清代浙东史学的殿军人物章学诚

---

[1] 全祖望:《鲒埼亭集》内编卷十一,《梨洲先生神道碑文》,载《全祖望集》,上海古籍出版社 2000 年版。

第五章　黄宗羲的理学、经学与史学之实学视角考察

在总结浙东学术规模宏大的原因时，认为"浙东之学，言性命者必究于史，此其所以卓也。"[1]一语点出了浙东学术的特点。南宋时期浙东学术的尊经重史，与这一时期理学的重经轻史观是不相同的，这也决定了浙东学术事功色彩更为浓厚。像陈亮被朱熹称为"一生被史坏了"[2]，却是南宋事功学派的重要代表人物；薛季宣是永嘉事功学派的创始人，叶适则是永嘉学派集大成者，他们都在史学上颇有建树。浙东尊经重史的学风历经元与明初的沉寂，到了王学兴起之后再次崭露头角。王学末流虽然有束书不观的倾向，但是王学以及后期王学异端思想，对于史学自我意识觉醒的激发，关于六经皆史的讨论，以及黜虚征实风气的养成，对于晚明史学的崛起是起到了促进作用的。

黄宗羲作为明末清初浙东学术的领军人物，继承了自宋代以来浙东学术"言性命者必究于史"的传统。黄宗羲认为，学问之道需要"本之经以穷其源，参之

---

[1] 章学诚:《文史通义》卷五,《浙东学术》, 叶瑛校注本, 中华书局 1994年版。

[2] 黎靖德编:《朱子语类》卷一二三, 岳麓书社 1997年版。

史以究其委"[1]。经文载道,所以是依据;史文经世,可以应务。如果读经不读史,会流于空疏;如果读史不读经,心中没有权衡。所以"学必原本于经术而后不为蹈虚,必证明于史籍而后足以应务"[2]。黄宗羲将史学置于经学同等地位,认为"夫二十一史所载,凡经世之业亦无不备矣"[3]。黄宗羲不但重史,一生治史勤奋,著述颇丰。其中最具代表性的著作有史论著作《明夷待访录》,学案体著作《明儒学案》和《宋元学案》等。前已述及,《明夷待访录》是一部具有批判思想、经世色彩浓厚的政论著作,同时它也是一部重要的史论著作,黄宗羲通过对封建专制主义的批判,阐明了自己对于历史的批判性见解和进步的历史观。比如黄宗羲就从历史发展的角度论述了封建君主"以我大私为天下之大公"的变化过程,认为上古是以"天下为主,君为客"的,后来却变成了以"君为主,天下为客"的局面。对于君主世袭制度、为臣之道以及法的本质等

---

[1] 黄宗羲:《沈昭子耿岩草序》,载《黄宗羲全集》第10册,浙江古籍出版社2005年版。

[2] 全祖望:《鲒埼亭集》外编卷十六,《甬上证人书院记》,载《全祖望集》,上海古籍出版社2000年版。

[3] 黄宗羲:《南雷文约》卷四,《补历代史表序》,商务印书馆1965年版。

第五章　黄宗羲的理学、经学与史学之实学视角考察

封建制度问题，黄宗羲也是将其置于历史过程中作出评述与批判，他从传贤与传子的角度论述君主世袭制度的不合理性，认为"为万民"还是"为一姓"是为臣之道的根本区别，法的本质其实就是"一家之法"还是"天下之法"的区别。很显然，黄宗羲的史论已经具有了早期启蒙思想的色彩。《明儒学案》与《宋元学案》是两部分别反映明代和宋元时期学术发展史的著作，前文已对《明儒学案》的内容作了详细论述，该书是中国古代第一部体例完备的学案体著作。《宋元学案》乃黄宗羲晚年着手撰写的尚未完成的一部学案体著作，后经其子黄百家、后学全祖望之手才得以最终完成。《宋元学案》的体例大体相同于《明儒学案》，但也有所发展，比如每一学案增设一表，案文后多载时人或后人评论，全祖望还仿效司马迁《史记·太史公自序》之例作《序录》一篇。二书"有一个共同特点，即都显示了作者在总结学术史的同时，也表现出对于政治的关心"[1]。

黄宗羲重史的另一个表现，则是具有浓厚的存史

---

[1] 瞿林东：《中国史学史纲》，北京出版社1999年版，第690页。

观念，其中体现出经世致用的思想。黄宗羲的存史当然是从现实有感而发的，作为明朝遗民，在面临故国灭亡之后，他迫切希望通过保存故国历史。他曾经有感于南宋灭亡之后因为文天祥、陆秀夫等人文稿的遗失，从而导致人们对于南宋灭亡时二王事迹无人知晓，而发出"国可灭，史不可灭"的叹息。[1] 所以当明朝灭亡之后，黄宗羲不希望南宋亡史的历史得以重演。为何要重视保存故国历史，在黄宗羲看来，前事不忘，后事之师，故国虽然灭亡了，但是它为何会灭亡，则是需要史家们去认真总结的。所以他说："国可灭，史不可灭，后之君子，而推寻桑海余事，知横流在辰，犹以风教为急务也。"[2] 同时，历史王朝的灭亡，它的历史却不应该随之而湮没，如果不及时去征存故国文献，就有可能出现国亡史灭的局面。很显然，黄宗羲的存史论，既是为了政治上"风教"的需要，也是为了学术上征存文献的需要，还是对故国的情感而演化

---

[1] 黄宗羲:《户部贵州清吏司主事兼经筵日讲官次公董公墓志铭》，载《黄宗羲全集》第 10 册，浙江古籍出版社 2005 年版。
[2] 黄宗羲:《旌表节孝冯母郑太安人墓志铭》，载《黄宗羲全集》第 10 册，浙江古籍出版社 2005 年版。

第五章 黄宗羲的理学、经学与史学之实学视角考察

的一种史家责任感的体现。黄宗羲身体力行,对保存明代史料做了大量的工作。具体表现,一是重视收集关于南明史的资料,编撰了《行朝录》《弘光实录钞》《海外恸哭记》《思旧录》等关于南明史事的著作;二是编纂有明一代的学术文章《明文案》和文学作品集《明文海》等;三是重视对明史的编写,曾经编成《明史案》一书,可惜已散佚。即使如清代官修《明史》,黄宗羲虽然出于民族气节没有应诏,但由于是纂修故国历史,还是给予莫大的关心,并让高足万斯同以布衣的身份参修,难怪全祖望在《梨洲先生神道碑文》中说:"公虽不赴征书,而史局大案必咨于公。"[1]

综上所述可知,黄宗羲的学术思想特点,是通过对理学的总结与批判,来倡导一种实学之风。黄宗羲主张返归"六经",通过博览群经,由博返约,以期实现穷经以治世的目的。黄宗羲充分认识到史学具有即事求理的经世价值,故而尊经的同时,也强调重史。一言以蔽之,黄宗羲的学术思想,是在实学的大旗之下,通过研习经史以达到治世的目的。

---

[1] 全祖望:《鲒埼亭集》内编卷十一,《梨洲先生神道碑文》,上海古籍出版社2000年版。

参考书目

一、古代典籍

[1] 陆贾:《新语》,王利器校注本,北京,中华书局1986年版。

[2] 贾谊:《贾谊集》,王洲明、徐超校注本,北京,人民文学出版社1996年版。

[3] 司马迁:《史记》,北京,中华书局1959年版。

[4] 王充:《论衡》,黄晖校释本,北京,中华书局1990年版。

[5] 班固:《汉书》,北京,中华书局1962年版。

[6] 荀悦:《汉纪》,北京,中华书局2002年版。

[7] 陈寿:《三国志》,北京,中华书局1959年版。

［8］ 袁宏:《后汉纪》,北京,中华书局2002年版。
［9］ 范晔:《后汉书》,北京,中华书局1965年版。
［10］ 李延寿:《北史》,北京,中华书局1974年版。
［11］ 刘知幾:《史通》,浦起龙注释本,上海,上海古籍出版社2009年版。
［12］ 陆淳:《春秋啖赵集传纂例》,北京,中华书局1985年版。
［13］ 陆淳:《春秋集传辨疑》,北京,中华书局1985年版。
［14］ 刘昫:《旧唐书》,北京,中华书局1975年版。
［15］ 王钦若等编:《册府元龟》,北京,中华书局1959年版。
［16］ 范仲淹:《范文正公集》,四部丛刊本。
［17］ 宋祁、欧阳修:《新唐书》,北京,中华书局1975年版。
［18］ 欧阳修:《欧阳修全集》,北京,中国书店1986年版。
［19］ 司马光:《资治通鉴》,北京,中华书局1956年版。
［20］ 司马光:《稽古录》,北京,北京师范大学出版社1988年版。

[21] 司马光:《司马文正公传家集》,上海,商务印书馆1937年版。

[22] 王安石:《王文公文集》,四部丛刊本。

[23] 范祖禹:《唐鉴》,上海,上海古籍出版社1984年版。

[24] 朱熹:《四书或问》,上海,上海古籍出版社2001年版。

[25] 陈振孙:《直斋书录解题》,上海,上海古籍出版社1987年版。

[26] 黎靖德编:《朱子语类》,长沙,岳麓书社1997年版。

[27] 马端临:《文献通考》,北京,中华书局1991年版。

[28] 郭孔延:《史通评释·史通训故·史通训故补》,上海,上海古籍出版社2006年版。

[29] 刘宗周:《刘子全书》,道光刻本。

[30] 黄宗羲:《明儒学案》,北京,中华书局2008年版。

[31] 黄宗羲:《黄宗羲全集》,杭州,浙江古籍出版社2005年版。

[32] 顾炎武:《日知录》,长沙,岳麓书社1994年版。

[33] 全祖望:《全祖望集》,上海,上海古籍出版社

2000年版。

［34］ 章学诚:《文史通义》,叶瑛校注本,北京,中华书局1994年版。

［35］ 江藩:《国朝汉学师承记》,北京,中华书局1983年版。

二、近现代著作

［1］ 皮锡瑞:《经学历史》,北京,中华书局1959年版。

［2］ 金毓黻:《中国史学史》,北京,商务印书馆2003年版。

［3］ 吕思勉:《先秦史》,上海,上海古籍出版社1983年版。

［4］ 嵇文甫:《晚明思想史论》,北京,东方出版社1996年版。

［5］ 侯外庐等:《宋明理学史》,北京,人民出版社1997年版。

［6］ 徐复观:《两汉思想史》,台北,台湾学生书局1979年版。

［7］ 白寿彝:《中国史学史》,北京,北京师范大学出

版社 2004 年版。

[8]　白寿彝:《中国史学史论集》,北京,中华书局 1999 年版。

[9]　白寿彝:《中国通史》第一卷,上海,上海人民出版社 1989 年版。

[10]　张振珮:《史通笺注》,贵阳,贵州人民出版社 1985 年版。

[11]　周一良:《魏晋南北朝论集》,北京,北京大学出版社 1997 年版。

[12]　任继愈:《中国哲学发展史》(魏晋南北朝),北京,人民出版社 1988 年版。

[13]　汤志钧:《近代经学与政治》,北京,中华书局 2000 年版。

[14]　杜维运:《中国史学史》,北京,商务印书馆 2011 年版。

[15]　孔繁:《魏晋玄谈》,沈阳,辽宁教育出版社 1991 年版。

[16]　逯耀东:《魏晋史学的思想与社会基础》,台北,台湾东大图书有限公司 2000 年版。

[17]　刘泽华:《中国古代政治思想史》,天津,南开

大学出版社1992年版。

[18] 仓修良、叶建华:《章学诚评传》,南京,南京大学出版社1996年版。

[19] 吴雁南:《中国经学史》,昆明,岳飞南大学出版社2001年版。

[20] 瞿林东:《中国史学史纲》,北京,北京出版社1999年版。

[21] 吴怀祺:《中国史学思想史》,合肥,安徽人民出版社1996年版。

[22] 周桂钿:《秦汉思想史》,石家庄,河北人民出版社2000年版。

[23] 徐定宝:《黄宗羲评传》,南京,南京大学出版社2006年版。

[24] 汪高鑫:《中国史学思想通史·秦汉卷》,合肥,黄山书社2002年版。

[25] 严正:《五经哲学及其文化学阐释》,济南,齐鲁书社2001年版。